잘 나간다, 그림책

책고래숲 02
잘 나간다, 그림책

2020년 7월 30일 초판 1쇄 발행
글 김서정 **편집** 김인섭 **디자인** 디자인아프리카
펴낸이 우현옥 **펴낸곳** 책고래 **등록 번호** 제2015-000156호
주소 서울특별시 서초구 강남대로12길 23-4, 301호(양재동, 동방빌딩)
대표전화 02-6083-9232(관리부) 02-6083-9234(편집부)
홈페이지 www.dreamingkite.com / www.bookgorae.com
전자우편 dk@dreamingkite.com
ISBN 979-11-6502-035-4 03810

ⓒ 김서정 2020년

이 도서의 국립중앙도서관 출판예정도서목록(CIP)은
서지정보유통지원시스템 홈페이지(http://seoji.nl.go.kr)와
국가자료공동목록시스템(http://www.nl.go.kr/kolisnet)에서
이용하실 수 있습니다.(CIP제어번호: CIP2020028553)

* 이 책의 출판권은 책고래에 있습니다.
* 책값은 뒤표지에 있습니다.

김서정 그림책 평론집

잘 나간다, 그림책

목차

I 내가 만난 그림책

1 나에게 그림책은	11
2 그림책의 세계	28
3 그림책의 진화	42
4 그림책도서관, 멀티플레이스	46
[똑, 똑 그림책] 엽기그림책 읽는 법	53

II 우리 그림책 형편

1 2000년대 스테디셀러 그림책의 특징	59
2 가장 스마트한 매체 - 그림책	80
3 어린이책은 어떻게 만들어지나	86
4 울타리를 넘어 더 넓은 영토로	95
5 그림책을 세우는 사람들	104
[똑, 똑 그림책] 그림책이 못 할 말은 없다	113

III 세계로 나간 우리 그림책

1 세계의 그림책 상	119
2 세계적 약진, 그 이후	130
3 그림책, 다시 보자	140
4 그림책, 위로를 건네다	145
5 린드그렌과 백희나 그리고 조앤 롤링	151
[똑, 똑 그림책] 야생화의 고군분투	158

IV 한국 그림책 이야기

1 볼로냐에서 - 가족 그림책 이야기	163
2 런던에서 - 세계로 나간 한국 그림책	173
3 《리스트》에서 - 그림책이 보여주는 한국의 꿈	184
4 과달라하라에서 - 놀라워라 한국 그림책!	203
5 멕시코시티에서 - IBBY 총회에 가보니	209
색인	218

머리말

2010년경부터 2020년 사이에 그림책에 관해서 쓴 글들을 모은 이 책을 내놓게 되었습니다. 10년 남짓한 기간이지만 그동안 그림책에 관한 국제, 국내 정세가 무섭게 바뀌어서 태반의 원고가 너무나 낡은 소리가 되어버렸습니다. 민망함을 무릅쓰고 출간할 용기를 낸 데에는 이 책의 발행인을 비롯한 동료, 후배, 제자들의 응원의 힘이 컸습니다. 이름을 일일이 올리지 못하는 그 응원군들에게 진심으로 감사드립니다.

I부 〈내가 만난 그림책〉은 그동안 그림책을 읽고, 역사를 훑어보고, 작가에 대해 알아보고 하면서 제 나름대로 그림책에 관해 세운 정의, 테마가 있는 광범위한 감상 글을 모은 것입니다. II부 〈우리 그림책 형편〉에는 그림책의 판매, 창작과 비평 여건, 수출, 그림책 단체 활동 등 그림책을 둘러싼 환경에 대한 소견이 담겨 있습니다. 거론되는 그림책의 서지 정보를 일일이 본문 안에 넣으니 가독성이 현저히 떨어지는 것 같아, 책 정보는 따로 만들었습니다. 뒤쪽 색인을 참고해주세요. 간혹, 절판되기는 했지만 그냥 수록한 책도 있습니다. 그림책 역사에서도 그렇고 제 개인의 역사에서 빼놓을 수 없는 경우입니다. 전집에 들어 있어 낱권으로 구매할 수 없는 책은 색인에도 수록되어 있지 않습니다. 좋은 책이 쉽게 오래 독자들과 만나는 환경이 조성되기를 간절히 바라는 마음입니다.

III부 〈세계로 나간 우리 그림책〉은 우리 그림책의 해외 진출이나 수상과 관련된 보고서 성격이라고 볼 수 있습니다. IV부 〈한국 그림책 이야기〉는 해외에서의 발표나 도서전 도록, 영문 잡지에 실린 한국 그림책 소개 글을 주로 담았습니다. IBBY(국제아동청소년도서협의회) 한국위원회인 KBBY의 부회장과 회장으로 일하면서 런던·파리·볼로냐·베이징·과달라하라·아부다비 등 국제도서전에서 그림책을 전시 소개했던 경험이 Ⅲ부와 Ⅳ부에 많이 녹아 있습니다. 한국문학번역원의 LIST 편집위원으로 일하면서 썼던 원고들도 소중한 자산이 되었습니다. 어린이책 해외 소개에 관심을 기울여주었던 한국문학번역원에 이 자리를 빌어 감사 인사를 드리고 싶습니다. 한국출판문화산업진흥원은 2014년 런던 도서전을 시작으로 지금까지 여러 국제도서전에 꾸준히 부스를 내서 그림책을 전시하고 수출 상담에 힘을 쏟고 있습니다. 그런 노력들이 지금 한국 그림책의 세계적 평가에 큰 밑바탕과 지지대 역할을 했을 것입니다.

이 책의 교정을 보는 동안 백희나 작가의 2020년 알마 상 수상 소식을 들었습니다. 안 그래도 '낡은 소리'가 어떤 부분 '틀린 소리'가 되어버린 순간이었습니다. 출간을 접고 싶다는 생각이 들기도 했지만 용기를 잃지 않기로 했습니다. '지난 발자취에 대한 기록'이라는 의의로 받아들여지기를 바라면서요. 그림책에 대한 글이 실리는 지면이 좀 더 많았더라면 이렇게 꼬리 긴 갈지자걸음이 아닐 수도 있었을 텐데 하는 볼멘 생각은, 게으른 핑계겠지요?

2020. 7.
김서정

I

내가 만난 그림책

1 나에게 그림책은
2 그림책의 세계
3 그림책의 진화
4 그림책도서관, 멀티플레이스
[똑, 똑 그림책] 엽기그림책 읽는 법

01
나에게 그림책은

동심 탐구, 인간 탐구

예전에 대학에서 아동문학론을 강의하는 동화작가 후배와 이야기를 나누던 도중 가슴이 뜨끔했던 적이 있습니다. 자신은 첫 번째 주 강의를 '동심이란 무엇인가'를 밝히는 데 할애한다는 말 때문이었습니다. 나는 명색이 어린이문학에 관계된 일을 한다면서 '어린이란 무엇인가', '어린이의 마음이란 무엇인가'를 진지하게 깊이 파고들어 간 적이 한 번도 없다는 데에 생각이 미쳐 부끄러웠던 것입니다.

굳이 변명을 하자면, 나의 그런 태도는 어린이나 동심을 규정하는 통념에 대한 무의식적 반발에서 비롯된 것이 아니었나 싶습니다. 예의 '동심천사주의'라는 것도 그렇습니다. 아이들이 천사가 아니라는 사실은, 멀리 갈 것도 없이 어린 시절의 나만 돌이켜도 불 보듯 뻔합니다. 어른 시절보다 더하면 더했지 결코 덜하지 않았던 그 마음의 그늘, 실존적 고민, 내 안에 도사리고 있던 부정적 인간성을 생각하면, 나는

'아이는 천사처럼 착하고 백지처럼 깨끗하다'는 말에는 도저히 공감할 수가 없습니다. 어떤 면에서는 아이는 작은 어른이 아니라는 게 맞는 말이지만, 또 다른 면에서는 아이는 작은 어른이라는 것도 맞는 말이다, 라는 것이 내 생각입니다. 그래서 어린이라는 존재에 대해 따로 연구할 것 없이 지금의 나를 기준으로 삼아도 충분하지, 싶었던 것이지요. 어린이문학이 어른문학과 다른 데에는, 그것이 대상으로 삼는 독자층이나 소재로 다루는 인간군보다는 사용하는 언어·플롯·캐릭터의 특징·그 기원 같은 장르적 특성이 더 큰 차이로 작용한다고 생각하며, 따라서 내 관심의 주된 대상은 동심보다는 그런 장르적 특성이었습니다.

'어린이는 나라의 기둥, 우리의 미래'라는 슬로건도 나는 그다지 마땅치가 않습니다. 어린이에게 앞날의 희망을 거는 태도는 제 할일을 다하지 못한 어른이 은근히 아이에게 그 일을 떠넘기는 직무유기인 것 같아서입니다. 어른보다 훨씬 더 현재에 충실한 존재인 아이에게 미래를 위한다며 애매하고 어려운 과제를 부여하면서 은근히 희생과 헌신을 요구하는 것은 교묘한 억압처럼 보이기까지 합니다. 어른은 그저 아이가 현실의 자신에 충실할 수 있는 환경을 만들어주고, 미래를 준비하는 자세를 자신이 직접 삶으로 보여주기만 하면 되지 않을까요. 이때 어린이문학이 할 수 있는 일은, '어린이'라는 인생의 한 시기를 지나가는 인간군상의 다양한 실상, 그들의 드러난 혹은 드러나지 않은 삶과 꿈을 다양한 방식으로 표현하는 일일 것입니다. 거기에 '어린이'라는 특수한 시기에 두드러지게 나타나지만 사실은 모든 인생 시기를 관통해서 존재하는 보편적 인간성이 설득력 있게 펼쳐질 때, 어린이문학은 진정한 문학으로서의 자리를 확보할 수 있을 것입니다.

모든 인생 시기를 관통해서 존재하면서도 '어린이' 라는 시기에 두드러지게 나타나는 인간성—모호하고 추상적으로 들리지만, 나는 그것을 개별적인 작품을 통해서 확인할 수 있었습니다. 그리고 그것은 문자로만 되어 있어 복잡한 사유의 과정이 필요한 동화책보다 그림과 함께 보면서 직관적으로 깨우칠 수 있는 그림책에서 훨씬 더 자주 발견됐습니다. 적은 지면, 짧은 텍스트 안에 그런 강렬한 일깨움을 담아내는 그림책은 정말 감탄스러운 것이었습니다.

그림책이라는 게 있었다

사실, 예전에 나는 몰랐습니다. 그림책이 뭔지, 아니, 그림책이라는 장르가 있는지조차도 잘 몰랐습니다. 책 속의 그림은 '삽화' 라 불렸고, '일러스트레이터' 를 굳이 번역하려고 끙끙거리던 시절이었습니다. 그림책은 아기가 글을 배울 때나 필요한 책인 줄 알았습니다. 디즈니의 애니메이션을 종이에 옮겨놓은 것 정도가 가장 흔히 접하던 그림책이었습니다.

그러나 지금은 좀 알 것 같습니다. 그림책이라는 장르가 얼마나 경이로운지를요. 얼마나 다채롭고, 아름답고, 광대하고 깊은 세계를 펼쳐내는 매혹적인 무대인지를요. 글과 그림이 만나면 따로 있을 때와 전혀 다른 세계를 만들어낼 수 있다는 것을. 우리는 상상치 못했던 새로운 시각을 그림책을 통해 즉각적이고 감각적으로, 아주 훌륭한 그림책에서는 거의 충격적으로 얻을 수 있다는 것을 알 것 같습니다.

  그리고 지금은 그림책 작가가 얼마나 특별한 재능으로 독자를 행복하게 해줄 수 있는 사람인지를 압니다. 그들은 단단한 논리로 구조를 만드는 글과, 감성을 일깨우고 무의식을 잡아 올리는 그림, 양쪽의 영역을 능란하게 다스리며 독자를 전인적으로 사로잡습니다. 그런 작가의 그림책을 볼 때는 머리나 마음 어느 한 부분만 자극받는 것이 아니라 존재 전체에 어떤 울림이 스치는 것을 느낄 수 있습니다. 굳은 마음은 부드럽게 풀어지고, 머리를 둘러싼 울타리는 허물어져 생각과 느낌이 자유롭게 날아갑니다. 그런 그림책이 어른보다 더 훌륭한 독자인 아이의 영혼과 풍성하게 만날 수 있다는 것을 나는 지금은 좀 압니다. '좀'이라고 한 것은, 그림책이 만들어지고 읽히는 동안 그에 얽힌 사람들에게 얼마나 오묘한 작용이 일어날 수 있는지를 다 헤아릴 수 없기 때문입니다.

오묘한 그림책의 작용

  내게 그런 오묘한 작용을 일으켰던 그림책을 돌아봅니다. 《작은 집 이야기》는 조그만 집 한 채가 '아이다운' 표정과 심리를 풍부하게 보여주면서도 자연과 문명 사이의 갈등과 화해, 동경과 실망, 좌절과 재기라는 '어른스러운' 주제를 담을 수 있다는 인식을 심어주었습니다. 《괴물들이 사는 나라》는 얼마나 통쾌했는지 모릅니다! 어딘지 안데르센적인 《피튜니아, 공부를 시작하다》를 보면서는 얼마나 웃었는지요! 《트럭》의 박진감 넘치는 화면에서는 눈을 뗄 수 없었습니다. 《검피 아저씨의 뱃놀이》가 주는 카타르시스는 실제 뱃놀이보다 강력했고, 《부엉이와 보름달》의 아름다움에는 콧등이 찡해지지 않을 수 없었지요.

아동문학에 대한 강의를 할 때 그림책은 유용한 교재였습니다.(지금은 그 단계를 지나 그림책이 '아동', '문학'의 범주가 아닌 독립적인 예술장르여야 한다는 의견이 지배적이지만요.) 강의 전 워밍업으로 그림책을 읽어주면 학생들의 눈은 초롱초롱해졌습니다. 어른의 고전 못지않게 깊이를 지닌 책은 찬탄의 대상이었습니다. 지구 탄생의 순간에서부터 지금 내가 여기 서 있는 순간까지를 일목요연한 무대예술로 바꾸어놓은 《생명의 역사》, 자기정체성을 알리는 독창적 방식을 보여주는 《프레드릭》, 삶의 열정과 죽음의 공포를 다룬 《아모스와 보리스》 같은 책이 그랬습니다. 특히 핵전쟁의 시작부터 진행과 결과, 그 안에서 하릴없이 죽어가는 노부부의 일상을 가감 없이 그린 《바람이 불 때에》는 누구에게든 강력한 충격이었습니다.

그림책은 어린이문학에 대한 진지한 논쟁을 펼치는 데 적절한 자료이기도 했습니다. 《호기심 많은 조지》*나 《코끼리 왕 바바》 시리즈가 대표적인 사례였지요. 조지 이야기는 호기심 많은 꼬마 원숭이의 말썽

---

* 《호기심 많은 조지》(Curious George)는 《아프리카여 안녕!》이라는 제목으로 번역되어 나왔습니다.

담으로 보면서 웃고 넘길 수 있습니다. 바바 이야기는 가엾은 고아 코끼리가 아프리카의 왕이 된다는 환상적인 성공담으로 읽힐 수도 있습니다. 하지만 이 책들은 한편으로는 어린이에 대한 어른의 권력 휘두르기, 다른 한편으로는 서구 강국의 아프리카에 대한 식민 정책, 문명 세계의 자연 착취 같은 이데올로기적 문제점들을 토론할 수 있는 문제작이기도 했습니다. 《더벅머리 페터》,《피터 래빗 이야기》와 《펠레의 새 옷》을 비교하면서 독일과 영국과 스웨덴 세 나라의 역사를 훑어보며, 국민적 특성을 꺼내보고, 그 이야기를 통해 어린이에게 어떤 이데올로기가 전달될 수 있는지를 짚어보는 일도 정말 흥미로웠습니다.

내 사랑, 토니 로스

초창기 나의 우상은 토니 로스였습니다. 그의 책 몇 권을 번역하면서 열혈팬이 되었지요. 우선, 《오스카만 야단 맞아》. 선과 악, 양면을 가진 인간의 이중성을 어린이라는 소재를 빌어 그토록 예리하면서도 능청스럽고 재미있게 풀어낸 작품을 나는 본 적이 없습니다. 빌리라는 가상의 친구를 가진 오스카. 오스카 주변에서 일어나는 말썽은 죄다 빌리의 짓입니다. 그런데 야단은 언제나 오스카만 맞습니다. 오스카는 너무나 천진난만한, 순진무구한 얼굴로 제대로 변명도, 항의도 못 한 채 저녁도 굶고 잠자리로 쫓겨 갑니다. "정말 이상해, 내 친구 빌리를 아무도 안 믿어." 하는 오스카의 중얼거림 뒤에 나타나는 악마 같은 빌리의 모습. "절대로 안 믿지!" 하면서 뾰족한 이빨에 뿔 난 머리, 빨간 얼굴의 빌리는 혀를 쏙 내밀고 춤을 추고 있습니다. 그 빌리가 바로 오스카라는 사실을 알아채지 못하는 사람은 어리둥절하며 재미없어 하고, 알아채는 사람은 무릎을 탁 치면서 푸하하 폭소를 터뜨립니다. 나는 이 책이 '아이에게 사람 마음속에는 착한

《오스카만 야단 맞아》
글·그림 토니 로스 / 프뢰벨

본성(오스카)과 나쁜 본성(빌리)이 함께 있다는 사실을 깨닫게 해주고, 나쁜 본성이 완전히 물리쳐야 할 적이 아니라 함께 살아가는 친구라고 이야기해준다. 그것을 알고 나면 아이들은 자기 마음속의 어두운 면에 대해 두려움과 낙담이 아니라 친근감과 자신감을 가질 수 있다' 는 해설을 붙였지만, 사실 그 해설은 그야말로 사족입니다.

그 외에도 토니 로스는《너 잡으러 왔다》,《왜요?》,《신통방통 제제벨》,《꼭 잡아주세요 아빠》,《학교 안 갈 거야》 같은 그림책을 통해 어린이 특유의 두려움, 시기심, 교만, 잘난 척함, 천진함, 호기심 같은 정서를 얄미울 정도로 꼭 집어 그려내면서 어린 독자에게 공감과 재미와 카타르시스를 줍니다. 어린 독자뿐인가요. 어른도 그 책을 보면서 자기 아이, 자기 어린 시절을 대입시키고, 나아가서는 자신의 현재까지 비춰보면서 무던히도 즐거워합니다.《신통방통 제제벨》에서 완전히 불가능한 경지의 착하고 올바른 일을 완벽하게 해내는 제제벨이 악어에게

잡아먹히는 난폭한 결말을 보고 놀라 움츠러들던 어른이(아이들은 움츠러들 새도 없이 단번에 환호작약합니다), 그 만화 같은 그림책 뒤에 숨은 풍자와 빈정거림을 알아채고 나면 어찌나 재미있어 하는지요! 어떤 엄마 모임에서 그 책을 보여주고 나자 한 엄마가 '아이는 공부 잘해, 남편은 착실해, 시집 식구들은 속 안 썩여, 저는 날씬해, 봉사활동도 꼬박꼬박 다녀, 그런 옆집 여자, 악어가 안 잡아먹나?' 하고 당장에 응용하는 순발력을 발휘해서 좌중을 포복절도시킨 적도 있었습니다. 그림책에 관한 일을 하면서 가장 신나고 보람 있는 때가 바로 그런 때입니다.

토니 로스의 번역되지 않은 그림책 중 《두 번째 공주》라는 책도 아마 그런 식으로 어린이, 어른 독자를 속 시원하게 만들어줄 수 있을 것입니다. 항상 언니에게 치여 뒷전으로 물러나 있는 게 속상한 두 번째 공주가 늑대며 사냥꾼에게 '언니를 잡아먹어 버려라, 총으로 쏴버려라' 하며 은밀히 사주를 하고 다닙니다. 아마 이런 '반인륜적'인 소재 때문에 출간되지 않았는지도 모르겠습니다. 하지만 '서로 죽일 듯이(연년생 아들 둘을 둔 한 엄마의 표현입니다)' 싸우는 자식들을 둔 부모, 그리고 당사자인 그 아이들에게는 얼마나 사무치는 이야기인가요. 《신통방통 제제벨》과 달리 이 책은 현명한 부모의 중재로 자매가 화해하는 해피엔딩을 맞습니다. 이건 또 얼마나 위안을 주는 이야기인가요. 풍자를 통한 카타르시스로, 혹은 동화적인 순정 또는 희망으로 우리 마음을 환히 비춰주는 이런 그림책에서 굳이 어린이, 어른의 구분을 짓는 것은 어쩌면 무의미해 보이기도 합니다.

웅거러와 리오니

토미 웅거러의 《제랄다와 거인》도 마찬가지입니다. 사람을 잡아먹는 식인귀를 어린 여자아이 제랄다가 무장해제시키고 완전히 새사람을 만든다는 이 옛날이야기풍 그림책은, 어린아이다운 천진하고 선한 본성이 어른의 악하고 폭력적인 습성을 감화, 변화시킬 수 있다는 메시지를 전해줍니다. 그러나 그 주제 이외에도 여성성 대 남성성, 야성 대 문화, 미성숙 대 성숙, 지식 대 실천, 앎 대 모름 등 너무나 다양한 층위에서 볼거리를 갖고 있습니다. 첫 장면부터 아이 하나가 철창에 갇혀 있고 무시무시하게 생긴 식인귀가 피 묻은 커다란 칼을 치켜들고 있는 그림 때문에, 어른은 진저리를 치면서 이 책이 아이에게 읽혀도 되는 책이냐는 걱정을 합니다. 그러나 유치원에서 아이들에게 그림책 읽어주는 일을 수년 동안 하던 한 친구가 단언하는 바는, 자기가 읽어준 수많은 책 중 아이들이 가장 좋아하는 책이 바로 《제랄다와 거인》이라는 것입니다. 아마도 '엽기'에 대한 어린이의 본능적인 호기심을 적당히 유쾌하게 자극하고 충족시키기 때문이 아닐까요. 그림책을 공부하는 사람에게 가장 이야깃거리가 많은 책 중 하나도 바로 이 《제랄다와 거인》

《제랄다와 거인》
글·그림 토미 웅거러 / 비룡소

입니다. 아이가 좋아하는 책은 어른도 좋아하는 책이고, 아이를 발견하게 해주는 책은 인간 전체를 발견하게 해주는 책이라는 증거가 아닐 수 없습니다.

자기정체성을 찾아 분투하는 존재 그리기를 필생의 과업으로 삼은 듯한 레오 리오니도 '어린이의 발견'에 빼놓을 수 없습니다. '자기정체성? 아이들이 그런 걸 알까?' 할 일이 아닙니다. 넓고 넓은 세상, 많고 많은 사람 안에서 자기 자리와 자기 할 일을 찾아가고 다른 사람이 아니라 세상만물과 자신 사이의 관계를 정립하는 일은, 어른보다 아이에게 더 절박한 과제일 수 있습니다. 에너지는 넘치는데 능력은 적은 아이, 꿈이 큰 데 비례해서 제약도 큰 아이. 그들에게 필요한 것은 자기가 어디에서 무엇을 할 수 있을지, 누구와 어떤 사이가 될 수 있을지를 제시해주는 다양한 사례입니다. 잡아먹힐 게 두려워 도망만 다니다가 넓은 세상을 돌아다녀본 후 작은 물고기들을 모아 큰 물고기를 물리칠 꾀를 생각해내는 《헤엄이》는 어린이에게 용기와 지혜로 자기 자리를 찾게 해주는 좋은 표본이 됩니다. 소원을 들어주는 마술 조약돌을 발견한 '새앙쥐'가 바야흐로 소원을 빌려는 찰나, 친구 '태엽쥐'가 버려져 있는 것을 보고 그 소원을 친구를 위해 쓴다는 내용의 그림책 《알렉산더와 장난감 쥐》는, 우정에서 우러난 희생이 어떻게 자신과 친구, 모두를 구원하고 더 높일 수 있는가를 감동적으로 보여줍니다.

그러나 리오니가 그렇게 감동적이고 대승적인 사례만을 보여주는 것은 아닙니다. 《물고기는 물고기야》는, 말하자면 송충이는 솔잎을 먹어야 한다는 이야기입니다. 주어진 환경과 조건에 안주하게 하는 패

《물고기는 물고기야!》
글·그림 레오 리오니 / 시공주니어

배적인 이야기라는 나무람을 받을 수도 있겠지만, 이 역시 세상을 살아나가는 다양한 방식 중의 하나를 제시할 뿐입니다. 욕망을 반드시 현실화하기 위해 모든 것을 걸고 필사적으로 싸우는 치열한 전장에서 물러나, 꿈은 꿈대로 간직하고 현실은 현실대로 받아들이는 낙천적이고 여유 있는 삶을 살면 안 되는 걸까요? 물고기가 순전히 자기 위주로 상상하는 바깥세상 존재의 모습은 얼마나 재미있는지 모릅니다. 리오니는 이 책에서 아동기라는 물속 세계에 있는 물고기 같은 아이를 너무 일찍 바깥세상으로 끌어내 숨 막히게 하지 말고, 즐겁게 꼬리치고 살면서 재미있는 상상을 하도록 내버려두자는 말을 하고 있는 듯합니다.

스타이그의 효용

그런가 하면 숨 막히는 세상에서 힘껏 숨을 몰아쉬며 씩씩하게 살아가라고 아이를 격려하는 것 같은 그림책을 여러 권 내놓은 윌리엄 스타이그 같은 작가도 있습니다. 그는 팍팍한 환경, 삶과 죽음 사이에서 치열하게 싸우는 피 끓는 어린 존재나 동물 이야기를 스릴 있게 그리는 데 힘을 쏟습니다. 거대하고 위험한 자연, 교활한 적, 잠재울 수 없는 호기심과 모험심, 불가해하고 부조리해 보이는 운명, 이 모든 것은 아이도 맞서 싸워야 할 상대입니다. 아이라고 해서 세상의 생존 투쟁에서 자유롭다고 할 수 없습니다. 그래서 '싸워라!' 하고 스타이그는 말합니다. 그의 작품 속 아이, 동물은 언제나 치열하게 싸웁니다. 《용감한 아이린》의 아이린은 눈보라와 싸우며 엄마와의 약속을 지키고, 《당나귀 실베스터와 요술 조약돌》의 실베스터는 두려움, 고독감, 혼자 내버려졌다는 절망감과 싸웁니다. 《치과의사 드소토 선생님》의 생쥐 치과의사는 배은망덕한 여우와 싸우면서도 의사로서 자신의 의무를 신사적으로 다합니다. 《아모스와 보리스》의 생쥐 아모스는 죽음과 싸우면서 넓은 세상으로 나아가고, 끔찍하게 못생긴 《슈렉!》은 파격적이고 통쾌한 풍자로 외모지상주의와 싸웁니다. 그러고 보면 아이의 삶도 얼마나 은밀한 전장인가요. 집과 놀이방과 유치원과 학교에서 그리고 학원과 놀이터와 골목길에서, 어른과 친구와 교사와 낯선 사람과 끊임없이 서로 탐색하고 경쟁하고 상호간 질서를 세워나가는 데 무의식적으로 신경을 곤두세워야 합니다. '세상이 원래 그런 걸 어쩔 수 없으니, 열심히 강인하게 그러나 여유 있게 싸우는 법을 배워라. 내가 무엇과 싸우는지를 알고 어떻게 해야 이기는지를 이해라',

《아빠와 피자놀이》
글·그림 윌리엄 스타이그 / 비룡소

하고 스타이그는 아이들에게 말합니다. 그러면서도 《아빠와 피자놀이》 같은 가벼운 놀이책을 통해 포연 속의 크리스마스처럼 잠시 잠깐 달콤한 휴식도 선물해줍니다.

스타이그는 나에게 특별한 체험, 그러니까 상담사 노릇을 하게 해준 작가입니다. 초등학교 1학년 아들을 둔 엄마가 고민을 상담한 적이 있습니다. 학교 들어가기 전까지는 그렇게 책을 좋아하던 아이가, 자기가 읽기도 하고 엄마한테 읽어달라고 조르기도 하던 아이가, 이제는 책을 멀리한다는 것입니다. 아이 엄마는 스트레스가 심한 학교생활을 원인으로 꼽기는 했지만, 어찌 대책을 세워야 할지 몰라 했습니다. 명색이 어린이책 작가이자 번역가이자 평론가라는 사람으로서 나는 그 사태를 심각하게 고민하지 않을 수 없었습니다. 내 고객이 하나 떨어져나가는 셈이 되는 거니까요! 인생의 쓴맛은 누구나 제 몫만큼 보는 법이지만, 너무 어린 나이에 야물게 그 쓴맛을 보기 시작한 아이가 참 짠했습니다. 그래서 그 애가 관심을 가질 만한 책, 도움이 될 만한 책이 뭐가 있을까 머리를 굴렸습니다. 내가 그럴 때 아이에게 추천해줄 만한 책을 좀 아는 직업을 갖고 있다는 게 감사한 일입니다.

나는 윌리엄 스타이그의 그림책을 아이 엄마에게 알려주었습니다. 그의 그림책은 주로 어린 주인공이 심각한 역경에 처해서도 용감하게 싸우고 꿋꿋하게 버텨서 결국 이겨내는 내용을 담고 있으니까요. 아이는 곤경에 빠진 책 속의 주인공과 자신을 동일시하면서도 나만 괴로운 게 아니라는 사실에서 위로를 받고, 주인공을 응원하며 동시에 자기 자신에게도 힘을 불어넣고, 해피엔딩을 보면서 미래에의 희망을 가질 수 있다는 것이 많은 심리학자의 설명입니다. 굳이 심리학자까지 동원하지 않더라도 어린 시절 책 속의 주인공에게 흠뻑 빠져본 적이 있는 사람이라면 그런 체험이 마음에 얼마나 풍성한 양식이 되는지, 그 양식의 유효기간이 얼마나 긴지 실감할 수 있을 것입니다. 얼마 전 일 때문에 프랜시스 호지슨 버넷의 《소공녀(세라 이야기)》를 다시 읽으면서 그 사실을 새삼 새긴 적도 있습니다.

다행히 아이 엄마는 애가 그 책들을 무척 좋아하더라고 전해왔습니다. 책을 권하면 도리질하고 신경질을 내던 아이가 심각한 얼굴로 읽으면서 찡그리기도 하고, 웃기도 하고, 놀라기도 하고, 안심하기도 한다는 것입니다. 아이가 그 책에서 힘을 받아, 세상에는 눈에 보이지 않는 응원군과 기댈 언덕이 뜻밖에도 곳곳에, 특히 나 자신 안에 숨어 있다는 자신감을 늘 품으며 살게 됐으면 좋겠습니다.

얼마 전 어린이도서관 사서들을 대상으로 했던 강연에서도 한 사서 선생님이 자기 사정을 털어놓았습니다. 네 살짜리 딸 아들 쌍둥이를 두고 있는데, 오빠에 대한 딸아이의 질투가 극심하다는 것입니다. 이 엄마는 성격이며 혈액형, 할머니의 아들선호 성향 등 원인을 여러 가지로 분석했습니다. 상당히 침착하고 이성적으로 대처하는 것 같았는데, 아이가 정서적으로 안정되기를 가장 바라고 있었습니다. 자기가 사랑받는다는 느낌을 아이가 충만히 가질 수 있도록 애를 쓰더군요. 나는 그 엄마에게도 윌리엄 스타이그의 그림책을 권했습니다. 형제간 라이벌 의식은 어쩔 수 없는 인간의 숙명이고, 사랑받는다는 느낌만으로는 해결할 수 없는 과제입니다. 이기고 싶을 때는 상상 속에서라도 이기게 해주는 것도 필요하지요. 《장난감 형》이 그 일을 해줄 것 같았습니다. 그러면서 엄마에게는 캐서린 패터슨의 《내가 사랑한 야곱》이라는 동화도 직접 읽어보기를 권했습니다. 카인과 아벨에서부터 비롯된 이 비극적 인간 운명에 대한 폭넓은 이해가 엄마 자신에게 도움이 될 것 같았거든요. 쌍둥이 엄마의 반응은 좀 더 기다려봐야겠지요. 어린이책과 관련된 일을 하면서 가장 어깨가 무거우면서도 보람 느끼는 순간이 바로 그런 때입니다. 어른에 비해 결코 가볍지 않은 아이의 실존적 문제가 책을 통해 드러나고 풀려가는 과정을 지켜볼 수 있을 때 말이에요. 그 일에 관련된 어른이 어린이책에 새롭게 눈뜨면서 신기해하고 즐거워하는 모습을 보는 재미도 늘 덤으로 딸려온답니다.

아이는 놀고 어른은 발견한다

그밖에도 흔연스러운 상상력을 통해 팍팍한 현실을 자유롭게 넘어서는 존 버닝햄, 현실과 초현실의 뒤섞임 속에서 삶의 비의秘義와 희망을 찾아내려고 애쓰는 앤서니 브라운, 나른한 듯 능청스러운 유머와 따뜻한 파격으로 소박한 삶의 깊이 있음과 아름다움을 알려주는 야노쉬, 아이의 내면적 힘을 끌어내는 판타지를 펼치는 모리스 센닥…. 그러고 보면 좋은 작가는 모두 그렇습니다. 그림책이라는 영토를 어린이라는 존재를 따로 떼어 수용하는 게토로 여기는 게 아니라, 어린이를 표본으로 해서 보편적인 인간 문제를 탐구하는 장으로 활용한다는 것입니다. 자기 일을 지겨워하며 부루퉁한 얼굴로 투덜거리는 산타 할아버지, 핵폭발 이후의 세상 같은 파격적인 소재를 끌어들이는가 하면, 상상 속에서 눈사람과 놀고 어마어마하게 커다란 북극곰을 불러오는 어린이의 무람없는 세계를 자유자재로 그려내는 레이먼드 브릭스가 한 말은 정말 시사적입니다. 어떻게 하면 '동심'을 유지할 수 있느냐는 질문에는 언제나 '잘 모르겠다'고 대답한다는 것입니다. 아마도 그는 어린이와 어른의 세계를 굳이 분리하는 어른, 그럼으로써 어린이는 어른과 다르다, 즉 미숙하고 불안정하다, 따라서 그들을 성숙시키고 채워주고 안정된 자리에 있게 해야 한다고 생각하는 어른에게 점잖게 일갈하고 있는지도 모릅니다.

그래도 어린이책에서는 뭔가 아이만의 특성을 보여주어야 하지 않느냐는 질문에 대해서는, 마리 홀 에츠의 그림책을 대답으로 내놓고 싶습니다. 《바로 나처럼》, 《숲 속에서》, 《나랑 같이 놀자》, 《길베르토와 바람》 같은 그의 책은 자연과의 합일이라는 심오한 주제를 가장 아이다운 방식으로 풀어내고 있습니다. 그것은 바로 '놀기' 입니다. 그의 책에 나오는 아이는 모두 '놀자'고 제안하고 있습니다. 사자, 코끼리, 곰 같은 커다란 동물에서부터 다람쥐, 토끼, 거북이 같은 작은 동물, 민들레 같은

《나랑 같이 놀자》
글·그림 마리 홀 에츠 / 시공주니어

식물, 게다가 바람에 이르기까지 아이는 주변 모든 사물과 놀이를 합니다. 그것도 자기 식으로 그들을 데리고 노는 것이 아니라 동물들을 따라하기, 가만히 앉아 그들이 스스로 다가올 때까지 기다리기 같은 방식을 통해 자연과 혼연일체가 되어 놉니다. 모든 일상이 놀이인 것, 놀이를 통해 사물을, 자연을, 인간관계를, 삶과 죽음을 파악하고 자란다는 것이 바로 아이의 가장 아이다운 특성이 아닐까요. 사방이 모래뿐인 사막에서도, 얼음뿐인 극지방에서도 아이는 무엇이든 눈에 보이는 것, 손에 닿는 것은 죄다 놀잇감으로 바꿀 수 있는 놀라운 능력을 가지고 있습니다.

그러고 보면 위에 예로 든 수많은 작가의 수많은 작품은 모두 한바탕 놀이라는 공통점을 가지고 있습니다. 아이뿐 아니라 갖가지 동물, 사물, 환상 속의 괴물까지 불러내서, 사람을 고릴라나 돼지로 만들어 가면서, 구름 위에서, 바다 건너서, 폭풍우 속에서, 쓰레기통 속에서, 백지 위에서, 여우의 이빨 위에서 말이에요! 아이는 싸우는 척하며 놀고, 죽고 죽이는 척하며 놀고, 착한 척하며 놀고, 나쁜 척하며 놉니다. 그리고 그 놀이 모두를 자신의 진실한 삶으로 받아들입니다. 어린이에게는 놀이가 삶이고, 삶은 놀이입니다. 어린이는 굳이 그림책 안에서 아이를 발견하려고 애쓰지 않고, 그저 놉니다. 재미있게 놀게 해주는 책이 좋은 책일 뿐입니다. 그림책 안에서 어린이를 발견하려고 애쓰는 어른은, 그걸 발견해야 합니다.

02
그림책의 세계

그림책의 의의

 그림책은 인간이 태어나서 가장 먼저 대하게 되는 문화적 미디어입니다. 무작위로 무차별적으로 쏟아지는 영상 매체의 프로그램과 달리 문화적 의도를 가진 부모나 양육자들이 신중하게 골라 제공하는 매체이지요. 눈에 초점이 잡히기도 전인 갓난아기 시절부터 아이들은 그림책을 통해 사물을 인식하는 법을 익힙니다. 문자를 익히고 인간에 대해서 배웁니다. 가정과 사회 등 집단과 그 안에서의 인간관계에 대해서, 동물과 식물의 생태와 자연계의 이치에 대해서도 배우게 됩니다. 말하자면 그림책은 어린이에게 세상의 모든 것을 보여주는 최초의 교재가 되는 셈입니다.

 뿐만 아니라 그림책은 문학과 미술의 세계로 어린이를 안내하는 입문서입니다. 함축적이고 절제된 짧고도 쉬운 문장 속에 자연과 인간과 사회의 진실한 모습을 담아내야 하는 텍스트는 고도의 문학적 기능을 필요로 합니다. 그림은, 그저 글이 말하는 장면을 그려내는 데 그치는 것이 아니라 텍스트와 긴밀한 협응관계를 이루면서 선과 색과 여러 가지 미술적 장치를 통해 새로운 시각의 세계를 여는 역할을 해야 합니다. 훌륭한 글과 그림이 완벽하게 조화를 이룬 그림책은 그 자체가 하나의 예술작품으로 평가받을 수 있습니다. 그리하여 그림책은 문학, 미술과는 또 다른 새로운 예술장르로 자리매김되고 있습니다.

그림책의 세계를 들여다보는 것은 그 사회의 예술, 교육, 문화가 어디까지 와 있는지를 확인할 수 있는 일입니다. 그림책의 표현영역과 기법은 그 사회가 얼마나 폭넓고 자유로운 사고와 표현을 받아들이는지를 알 수 있게 해줍니다. 그림책이 다루는 주제와 그림책이 지향하는 가치는 그 사회에서 살고 있는 사람들의 가치관과 세계관을 반영합니다. 사람들이 어떤 것들을 아름답고 소중하다고 여기는지, 가르치고 물려주어야 한다고 생각하는지, 영원히 지속되어야 한다고 생각하는지가 그림책에는 숨어 있거나 드러나 있지요. 특히 그림책의 주요 독자를 어린이로 여기는 경향이 짙은 사회에서는 그 시대의 가장 굳건한 사회, 경제, 교육, 문화, 미래관 등의 이데올로기를 엄숙하게 집어넣습니다.

따라서 그림책은 하나의 사회적, 문화적, 예술적 현상으로서 깊이 있고 다양한 조명을 받을 필요가 있습니다. 그림책의 세계는 어린이책의 길지 않은 역사를 통해 질적으로나 양적으로나 폭발적인 영역 확대를 이뤄왔습니다. 그리하여 이제는 사람이 평생 지니게 되는 사고방식이나 가치관의 형성에 그림책이 중요한 역할을 하게 된다는 생각이 너무나 당연한 것으로 자리 잡고 있습니다. 그뿐 아니라 한 사회의 성숙도를 측정하는 잣대로서의 위치에도 서게 되었지요. 단순히 아이들에게 글자나 사물을 가르치는 책, 예쁜 그림으로 정서를 함양하는 책이라는 차원에서 벗어나 '그림책이란 무엇인가', '우리 사회에서 그림책의 위상은 어디까지 와 있는가' 하는 진지한 질문이 부단히 제기되어야 할 때가 아닌가 싶습니다.

그림책의 역사

지난 백년 사이에 아동문학사에서 가장 극적인 변화를 보인 장르는 아마도 그림책일 것입니다. 글을 이해하기 쉽게 하기 위해서, 혹은 글을 모르는 아주 어린 아이들을 위해서, 혹은 책을 조금 더 보기 좋게 만들기 위해서 보조적인 수단으로 쓰이던 그림이 문자와 대등한 관계 안에서 새로운 세계를 창조하는 새로운 매체로서 각광받게 되기까지의 과정은 빠르고도 급격했습니다. 그리고 지금은 강력하고 신속하게 광범위한 파장을 일으킬 수 있는 영향력을 전 세계적으로 행사하고 있지요. 세계 최대의 어린이책 박람회인 '볼로냐 북페어(볼로냐국제아동도서전)'에서 그림책들의 교류는 그야말로 날개달린 듯했습니다. 그리고 지금은 책으로 나오기 전 가제본 상태에서, 심지어는 기획 단계에서 수출되는 일도 빈번합니다. 그림책의 역사를 간략하게 살펴보면 이런 변화가 새삼스럽게 놀랍습니다.

 인쇄술이 발달하면서 책이 산업적 생산물로서 대중에게 보급된 역사는 그리 길지 않습니다. 특히 어린이를 위해 그림책에 할애된 기간은 더욱 짧지요. 서구에서는 낭만주의 시대 이전까지만 해도 아동기를 치러내고 이겨내야 할, 홍역 같은 고난의 시기로 여겼습니다. 책은 문자 위주였고, 그림이 있다 하더라도 간단한 삽화에 불과했습니다. 어린이를 위한 책은 교리서나 문법책, 도덕교과서가 전부였고 삽화도 다만 문장을 설명하는 데 지나지 않은 단순한 그림이었으니, 사실성이나 예술성은 생각할 수도 없었습니다.

 세계 최초의 어린이용 그림책으로 일컬어지는 책은, 1658년 독일의 요하네스 아모스 코메니우스가 만든 《감각 세계의 그림Orbis Sensualium Pictus》(《세계 최초의 그림 교과서》라는 제목으로 국내에서 번역 출간되었지만 아쉽게도 지금은 절판되었습니다)입니다. 이 책은 그때까지의 신神중심주의 사고에서 벗어나 인간중심의 틀에서 본 신과 종교의 문제, 생물, 지

《세계 최초의 그림교과서》
글 요하네스 아모스 코메니우스 /
씨앗을뿌리는사람

구, 과학, 학문, 인간 등 생활 주위의 현실적이고 실질적인 소재를 다루고 있는 것이 특징이었습니다. '세계를 알고 배우자'는 주제 아래 인간의 생활과 사고에 대한 광범위한 지식을 전달하려는 게 목적이었지요. 객관적인 시선으로 자연을 관찰하는 사실적인 묘사, 주제를 효과적으로 부각시키는 그림, 전 페이지에 걸친 대담한 배치 등 일러스트레이션에 있어서도 혁신적이었습니다. 글과 그림이 조화를 이룬 책을 통해 이 세계의 현상과 인간의 본질, 인류의 미래를 어린이에게 보여주고자 했던 코메니우스의 생각은 현대 그림책 기본 철학의 하나를 이루는 것이었습니다. 무엇보다도 이성이나 사유 같은 논리적 측면보다 '감각 세계'를 전면에 부각시켰다는 점에서 어린이라는 존재의 본질과도 맞닿는 측면이 있었지요.

이 최초의 그림책이 '교육'이라는 측면에 힘을 쏟았을 뿐, 어린이의 유희 본능을 이해하고 충족시켜준 것은 아니었다는 평도 있습니다. 하긴, 백과사전처럼 빽빽하게 지식을 전달하는 데 열심인 이 책을 지금 보면 약간 답답한 느낌도 없지 않습니다. 그러나 어린이를 위한 책 자체가 없던 시절, 아이들이 느꼈을 즐거움과 기쁨을 지금 이 시대의 기준으로만 판단할 일은 아닌 것 같습니다. 무엇보다 아이들을 내려다보며 혀 짧은 소리로 섣불리 가르치려 하지 않고 세상의 모든 것을 어른들과 똑같이 나누게 하려 했던 자세에서 오히려 지금보다 더 깊은 어린이 존중의 철학을 읽을 수도 있습니다.

독일에서는 그 이후 1845년에 《더벅머리 페터》라는 기념비적인 그림책이 나왔습니다. 정신과의사였던 하인리히 호프만이 세 살 먹은 아들에게 크리스마스 선물로 줄 마땅한 책이 없자 직접 쓰고 그린 이 작품은 지금까지 독일어권의 대표적인 그림책으로 자리를 잡고 있습니다. 강렬한 원색 그림에 운율이 있는 짧은 시 같은 글들, 산뜻한 디자인적 요소는 이 책을 꽤 유희적인 것으로 만들고

《더벅머리 페터》
글·그림 하인리히 호프만 / 마루벌

있습니다. 사실 그래야 할 필요가 있었던 것이, 내용은 아주 끔찍하고 엽기적인 것들이 많거든요. 스프 먹기를 내내 거부하다가 결국 굶어 죽은 아이, 불장난하다가 타 죽은 아이, 엄지손가락을 빨다가 커다란 가위로 손가락이 싹둑 잘린 아이, 동물들을 괴롭히다가 개에 물린 아이 등등. 이 이야기들을 보면 당시 어른들이 아이를 어떤 존재로 여겼는지가 확연히 드러나는 것 같습니다. 어른들은 그 아이들이 (엄지손가락 빠는 짓 따위의) 못된 짓을 못하도록 막아야 할 의무가 있으며, 그 목적을 달성하기 위해서는 어떤 강압적인 방법을 사용해도 좋다는 것입니다. 얼핏 보면 끔찍하지요. 그러나 그 방식이 그토록 유희적이고 유머러스하다는 점이 이 책을 그냥 밀쳐버리지 않도록 만듭니다. 끔찍한 현실에 대응하여 그것을 무력화시키는 놀이정신, 거기서 우리는 어린이책의 또 하나의 본질적인 철학을 엿볼 수 있습니다.

이 시기를 전후하여 영국에서는 존 로크가 어린이책에 '교육'과 '즐거움'이라는 개념을 결합시키고 있었습니다. 그는 《교육에 관한 단상들》(1719)이라는 책에서 배움은 노동이 아니라 놀이여야 한다고 주장했지요. 그러면서 일러스트의 중요성을 강조했습니다. "어린이들을 위한 모든 책에는 일러스트가 있어야 한다. 만일 이솝 이야기에 그림이 있다면 어린이들을 훨씬 더 즐겁게 만들고, 읽기를 격려할 것이다."라는 것이었습니다. 로크의 사상을 신봉했던 출판업자 존 뉴베리는 이 생각을 실천으로 옮겼습니다. 어린이를 위한 교육과 즐거움을 결합시킨 작고 값싼 문고본인 〈포켓 북pocket books〉 시리즈를 1744년부터 출판하기 시작한 것이었습니다. 이 시리즈에 실렸던 텍스트들은 주로 전해 내려오는 시나 이야기 혹은 일반 소설들로, 어린이들을 위해 쓰인 것이 아니라 오히려 성인 대상이었습니다. 그러나 뉴베리는 그런 자료에서 어린이문학을 만들어냈고, 책에는 언제나 일러스트를 함께 실어 어린이 그림책이 문학의 한 장르로 자리 잡는 기초를 닦았습니다.*

뉴베리의 뒤를 이어 어린이책 출판의 새 장을 연 출판인은 에드먼드 에반스였습니다. 그는 포켓북보다 더 큰 크기에 전체가 컬러로 인쇄되었으면서도 더 싼 가격의 그림책인 〈토이북toy books〉 시리즈를 1865년부터 펴내기 시작했습니다. 이 시리즈에 월터 크레인이 일러스트를 담당하면서부터 어린이 그림책은 본격적인 예술성을 갖추게 되었지요.

---

* 미국에서 가장 권위 있는 아동문학 상인 뉴베리 상이 바로 이 뉴베리의 이름을 가져온 것입니다.

섬세하고 풍부한 세부묘사, 컬러뿐 아니라 흑백에서까지 빈틈없이 드러나는 뛰어난 색채 감각, 현상에 대한 모사나 설명이 아니라 본질이 드러나는 순간적 인상의 포착, 정교한 디자인 등 크레인이 새롭게 열어놓은 그림책 표현의 장은 현대 그림책의 교과서로 불리기에 충분한 것이었습니다. 크레인 자신이 쓰고 그린 독자적인 책이 없기 때문에 충분히 알려지지 못한 것이 안타까운 일입니다.

이후 등장한 케이트 그린어웨이, 랜돌프 칼데콧은 당시의 영국을 비롯해서 독일, 프랑스 등 유럽 지역과 미국의 일러스트레이터들에게 지대한 영향을 미쳤고, 오늘날까지도 그림책의 선구자로 불리고 있습니다. 매해 가장 뛰어난 그림책에 수여하는 상이 영국에서는 그린어웨이 상, 미국에서는 칼데콧 상이라는 사실이 그림책 역사에서 그들의 위치를 말해주고 있지요. 그린어웨이의 작품으로는 1888년에 나온 《하멜른의 피리 부는 사나이》가 우리에게 잘 알려져 있습니다. 천사처럼 아름답고 사랑스러운 아이들의 모습으로 유명하지요. 그린어웨이의 아이들 그림은 선풍적인 인기를 모았고, 그림 속 아이들의 패션은 실제 유행이 되기도 했습니다. 그림책이 대중적으로 막강한 영향력을 행사할 수 있음을 처음 보여주는 예였습니다. 그렇게 인기는 있었지만, 그린어웨이의 그림은 생기 없음, 인체 구도의 부정확함 때문에 비판을 받기도 했습니다. 당시 유명한 비평가이며 그 자신이 동화작가이기도 했던 존 러스킨은 그린어웨이의 열렬한 후원자이기는 했지만, 그녀의 그림 속 인물들이 "모두 오른발밖에 없지 않냐"면서 불평을 하기도 했답니다.

《익살꾸러기 사냥꾼 삼총사》
글 에드윈 워, 그림 랜돌프 칼데콧 /
시공주니어

랜돌프 칼데콧은 거기서 한발 더 나아가 훨씬 정교하고 치밀하고 정확하며 역동적인 그림을 그린 것으로 알려져 있습니다. 1878년 나온《익살꾸러기 사냥꾼 삼총사》가 대표작인데, 특히 달리는 말의 생생하면서도 힘찬 움직임은 아직도 그를 능가할 만한 화가가 없다는 평을 받습니다.

칼데콧 그림의 활기 넘치는 선, 절묘한 색채, 유머가 넘치는 표현법 등은 비아트릭스 포터에서부터 모리스 센닥까지 모든 중요한 그림책 작가들에게 결정적인 영향을 미쳤습니다. 글과 그림이 유기적으로 어우러지도록 만드는 기법을 통해 현대 그림책을 창조했다고 해도 과언이 아니라는 말이 나올 정도로 그는 그림책 역사에서 중요한 작가입니다.

그 뒤를 이은 비아트릭스 포터는《피터 래빗 이야기》(1893)를 시작으로 하는 일련의 동물 그림책을 통해 그림책 세계에 또 하나의 전기를 마련했습니다. 세계 최초의 캐릭터 상품이 된 토끼 '피터 래빗'은 아이들이 본능적으로 뿜어내는 생명의 에너지를 마음껏 분출하는 모습을 보여줍니다. 빽빽한 지식의 숲에 갇히지도 않고 엄격한 양육의 틀에 죄이지도 않으면서 맥그리거 씨네 작은 정원에서 생명을 걸고 이리저리 뛰는 피터 래빗을 따라가다 보면 긴장감 넘치는 삶의 환희가 솟아납니다. 아이들뿐 아니라 어른들도 마찬가지입니다. 금지되어 있지만 거부할 수 없는 매혹이 있는 곳, 맥그리거 씨의 '정원'은 우리 모두의 잃어버린 낙원일 것입니다.

금기를 깨뜨리고 생명의 위협을 무릅쓰며 낙원으로 뛰어 들어갔다가 쫓겨나기를 되풀이하는 피터 래빗은 영원한 어린 영웅으로 각인되어 있습니다. 비아트릭스 포터는 어린 독자들에게 처음으로 철학적이고 복잡하고 풍자적인 희극적 감성을 전해준 작가로 알려져 있습니다. 동물과 인간의 본성을 드러내고, 사회성을 묘사하고, 도시와 농촌의 아름다운 풍경을 그리기도 하지만 그 안에 엄숙하게 들어 있는 고단하고 복잡한 삶의 모습과 죽음의 위협도 비켜가지 않습니다. 그녀는 죽고 죽이고, 먹고 먹히는 삶의 잔혹한 국면을 처절하고 비극적인 방식이 아니라 코믹하게 그려내는 데 능한 작가였습니다.

한편 스웨덴에서는 엘사 베스코프라는 작가가 또 다른 그림책의 세계를 펼쳐보였습니다. 차분하고 정적인 선과 가라앉은 색채, 안정적인 구도를 통해 스웨덴의 자연을 아름답게 그려냄으로써 스웨덴의 국민작가 대접을 받는 이 작가는 《펠레의 새 옷》(1896)에서 그 나라의 독특한 아동관을 드러냅니다. 쑥쑥 자라 나들이옷이 작아진 펠레가 새 옷을 혼자 힘으로 마련하는 과정을 보여주는 것입니다. 펠레는 절대로 아무것도 공짜로 얻지 않고 노동을 하거나 다른 사람과 일을 나눕니다. 엄마나 할머니와도 그렇습니다. 공평한 노동과 협동작업을 통해 모든 사람들이 사회의 복지를 위해 기여해야 한다는 사회주의적 국가관이 아이들에게도 예외 없이 적용되는 현장입니다. 짧은 그림책 하나가 아름답고 사랑스러울 뿐 아니라 얼마나 무거운 사회적 메시지를 담을 수 있는지를 우리는 이런 예를 통해서 알 수 있습니다. 그림책을 간단히 볼 일이 아닙니다.

현대의 그림책

19세기 유럽에서 발흥한 그림책은 20세기 중반 이후 미국에서 눈에 띄게 발전하는 양상을 보입니다. 유럽 각국에서 이주해오거나 그 후손인 예술가들이 유럽적 요소가 바탕에 깔리고 미국적 요소가 새롭게 가미된 활기찬 그림책의 세계를 속속 선보입니다. 루마니아에서 이주해온 완다 가그가 루마니아 지방 민담을 재창조해낸 《백만 마리 고양이》(1928)가 그 대표적인 예입니다. '완다의 검정'이라고 불릴 정도로 독특하게 부드러운 검은색으로 그려진 이 엽기적이면서도 사랑스러운 이야기는, 그런 색다르고 새로운 세계를 보여주는 최초의 그림책으로 평가를 받습니다. 언제나 지치지 않고 말썽을 부리는 아기원숭이 조지 캐릭터를 깊이 각인시킨 한스 아우구스트 레이의 《아프리카여 안녕!》(1941), 일

《백만 마리 고양이》
글·그림 완다 가그 / 시공주니어

사불란한 대열에서 항상 삐죽삐죽 삐져나오는 용감한 꼬마 여자아이인 《씩씩한 마들렌느》(1939), 도시화 시대 미국 교외 지방의 삶을 한 작은 집을 통해 보여주는 버지니아 리 버튼의 《작은 집 이야기》(1942) 등도 미국과 유럽의 요소들이 섞인 그림책들입니다. 이들은 변화하는 시대, 변화하는 아동상을 따라 인물과 동물과 사물들을 다채롭게 사용하면서 그림책 안에서 어린 인간들을 표현하고 사회상을 그려냈습니다.

그 중에서도 그림책에 또 하나의 중요한 전기를 마련한 작가는 아마 모리스 센닥일 것입니다. 1963년 그의 대표작인 《괴물들이 사는 나라》가 나왔을 때 온 나라는 떠들썩했습니다. 귀엽고 사랑스러워야 할 아이들 그림책에 이토록 흉측한 괴물이 웬 말이냐는 것이었습니다. 엄마를 잡아먹겠다고 소리 지르는 아들이 어디 있느냐는 것이었습니다. 그러나 이 작품은 이제 현대 그림책의 고전이 되었습니다. 글과 그림과 디자인, 이 모든 요소들이 새로운 교과서 역할을 하고 있습니다. 무엇보다 센닥은 그림책의 경계를 무의식의 세계까지 넓혔습니다. 무의식 세계를 탐구하면서 아이들이 자기 안에 있는 괴물 같은 야성을 발휘하게 해주고, 그 야성을 제압할 수 있는 힘까지 볼 수 있게 해주었습니다. 그는 현실과 공상, 고대와 현대, 인간과 괴물 등 무대와 인물을 가리지 않고 사용해서 아이들의 환상과 꿈을 자유롭게 펼쳐 보여줍니다.

《제랄다와 거인》(1970)으로 우리에게 잘 알려진 토미 웅거로도 그림책 세계에 또 다른 지평을 열어보였습니다. 그의 그림책의 가장 큰 특징은 강력한 반전反戰과 평화의 메시지입니다. 어린 시절 극심한 전쟁의 공포를 체험했던 웅거러는 공포와 죽음의 문제에 천착합니다. "아이들은 공포를 알아야 한다. 세상에 나가면 반드시 그것과 마주치게 되니까"가 웅거러의 주장입니다. 그는 어른과 아이를 구분하지 않고 인간이 겪게 되는 세상의 고난에 대해 탐구합니다. 그러면서 인간 본성에 대한 날카로운 통찰을 보여주지만, 그것을 유머러스하게 감싸 안는 따뜻한 면도 찾아볼 수 있습니다. "어차피 인생은 선과 악으로 되어 있고, 선은 악을 통해서 드러나게 되어 있다. 그러니 선과 악이 서로 잘 지내도록 해줘야 한다"는 말을 할 수 있는 사람은 아무래도 보통 사람이 아니겠지요.

《마법사 압둘 가사지의 정원》(1970), 《주만지》(1981) 같은 희한한 그림책을 내놓는 크리스 반 알스버그도 있습니다. 탁월한 데생력과 이야기 구성력을 가지고 있는 그는, 초현실적인 사건과 그림을 통해 현실 이면의 신비하고 초월적인 면을 밝히는 데 힘을 쏟고 있습니다. 우리가 보고 있는 것, 논리적이고 이성적으로 설명할 수 있는 면만이 현실이 아니며 그 뒤의 알 수 없는 어떤 것 역시 우리의 삶을 움직이고 구성하는 요소라는 것을 알스버그는 언제나 말합니다. 그의 세계는 불안하고 위험으로 가득해 보이지만, 그만큼 매력적이기도 합니다.

존 버닝햄은 환상의 세계를 인정하고 그것을 현실로 끌어들인다는 점에서 알스버그와 비슷하지만 훨씬 더 부드럽고 유연하게 다룬다는 점에서 차이를 보입니다. 옛이야기풍의 안정된 누적식 글 구조와 자유롭게 번지는 듯한 수채화 컬러로 환상과 현실 세계를 효과적으로 섞어내는 버닝햄의 담담한 그림책은 많은 아이들에게 위로와 기쁨을 주지요.

존 버닝햄, 브라이언 와일드스미스와 함께 영국의 3대 그림책 작가 중 하나로 불리는 찰스 키핑은 《창 너머》(1987)를 통해 새로운 아이의 모

《창 너머》
글·그림 찰스 키핑 / 시공주니어

습을 보여줍니다. 이 책의 화자인 아이는 관찰되고 그려지는 대상이 아니라 스스로 관찰하고 판단하는 인간, 나아가 창조하는 주체의 자리에 올라와 있습니다. 이층 방 안에 갇혀 창밖을 내다보는 것만이 유일한 세상과의 교류인 야곱은, 어른들이 꽁꽁 가두어두고 필요하다고 여기는 것만 가르치는 아이들 모두를 상징하는 듯합니다. 그러나 야곱은 제한된 세상 안에서 일어나는 일들을 자기 나름대로 재구성합니다. 그리고 마지막 장면, 입김을 불어넣은 창문을 도화지 삼아 야곱이 그린 그림은 현실에서는 일어날 수 없는 부활의 현장입니다. 통제와 양육과 훈계의 대상이기만 하던 아이들은 현대 그림책의 세계에서 이토록 다양한 모습, 생명 넘치는 자리로 올라설 수 있었습니다. 그리고 그것은 현실에서의 아이들이 그렇다는, 혹은 그럴 수 있다는 증거일 것입니다. 그림책은 이렇게 아이들의 현재의 삶과 마음속의 세계, 앞으로의 가능성이 무궁무진하게 펼쳐질 수 있는 무대입니다.

03
그림책의 진화

《나무늘보가 사는 숲에서》는 열대우림의 파괴에 대한 그림책입니다. 많은 동물들이 살아가는 울창한 숲 한가운데 나무에 나무늘보가 흔들흔들 매달려 있는 모습이 평화로워 보입니다. 그러나 그 평화는 하나둘 등장하는 거대한 기계들 때문에 깨집니다. 나무는 베어져 나가고, 동물들은 도망갑니다. 그러는 동안 여전히 나무에 매달려 있는 나무늘보. 마지막 남은 나무마저 쓰러지고, 숲에는 아무것도 남지 않습니다. 겨우 일곱 장면으로 구성된 이 이야기는 극히 간단하고 평범한 것 같습니다. 하지만 이 책은 팝업북입니다. 평면적인 종이가 아니라 입체적인 구조물을 통해 이야기를 담아내는 팝업북을 만드는 데는 아주 복잡하고 섬세한 기술이 필요합니다. 편집 디자인에도 치밀한 계산이 있어야 합니다. 그림의 형태나 색을 제대로 살려내기 위한 인쇄술은 말할 것도 없습니다. 어떤 다른 책이 이런 고도의 기술적 예술성을 갖출 수 있을까요? 그러니 그림책은 그 나라 문화의 수준을 단적으로 보여준다고 해도 지나친 말이 아닙니다.

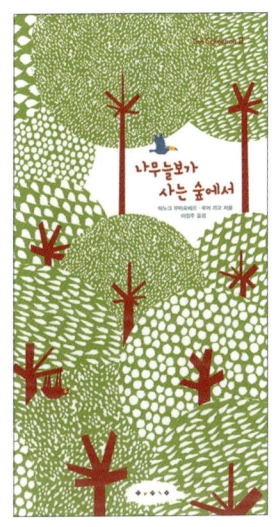

《나무늘보가 사는 숲에서》
글·그림 아누크 부아로베르,
루이 리고 / 보림

책장을 넘겨보세요. 종이들이 일순간 일어서면서 울창한 밀림이 입체적으로 구현됩니다. 그러나 다음 장으로 넘기면 가장자리 나무들이 없어지고 그 자리에 기다란 전기톱, 커다란 굴삭기 같은 기계들이 들어섭니다. 기계들은 점점 나무의 자리를 차지합니다. 마지막에는 나무늘보가 매달려 있는 한 그루만 남습니다. 그 과정을 이 팝업북은 아주 실감나게 재현합니다. 어떻게 말로 설명할 수 없으니, 직접 보아야 합니다. 정말 창의적이고 영리한 책이라는 걸 인정하지 않을 수 없습니다. 그런 기술 덕분에 책장을 넘기면서 점점 사라져가는 나무와 점점 밀려드는 기계들이 입체적으로 확인될 때, 가슴이 쿵 내려앉습니다. 팝업북이 아니었으면 이렇게 실감나게 느낄 수 있을까 싶습니다.

끝에서 두 번째 장면, 마지막 나무까지 사라지고 온통 하얀 화면만 펼쳐져 있는 것을 보면 가슴이 먹먹해집니다. 하지만 여기에 놀라운 반전이 있습니다. 책장을 넘기지 않아도 그 절망적인 장면에서 싱싱한 희망이 살아나는 것을 볼 수 있습니다. 오른쪽 아래 씨 뿌리는 농부가 그려진 자그만 띠를 잡아당기면, 하얀 화면에서 마술처럼 초록색 작은 나무들이 우쑥 솟아오르는 것입니다. 그 중 하나에는 사라졌던 나무늘보가 다시 매달려 있고요. 그리고 마지막 페이지에서는 폭죽처럼 밀림이 터져 나옵니다. 이전에 있었던 밀림보다 훨씬 울창하고, 동물들도 훨씬 많습니다. 굴삭기까지도 나무가 되어 있지요! 불과 한두 장면 사이에 참담한 폐허를 생생한 밀림으로 바꿔 놓는 마법이 놀랍습니다. 그냥 평면상의 그림이었다면 너무 급작스러웠을 것입니다. 그러나 한 페이지 안에 여러 겹의 공간과 오랜 시간을 입체적으로 담아낼 수 있는 팝업북의 특성이 그 마법적인 전환을 기꺼이 받아들이게 합니다. 높은 예술적, 기술적 성취를 통해 독특한 비전을 만들어내는 그림책의 진화를 확인할 수 있는 현장이지요.

《바다 이야기》도 같은 작가, 같은 형식의 그림책입니다. 《나무늘보가 사는 숲에서》가 옆으로 펼쳐지며 나무들이 우뚝한 밀림의 환경을 실감나게 보여준다면, 《바다 이야기》는 위아래로 펼쳐지며 깊은 바다 속 풍경을 그려냅니다. 알록달록 요트나 유람선들과 대비되는 침침한 바다 밑 쓰레기 더미 같은 걱정스러운 장면도 있지만, 환경파괴에 대한 우려보다는 다양한 바다의 모습을 보여주는 데 초점을 맞추고 있는 것 같습니다. 제법 큰 배조차 장난감처럼 보이게 만드는 커다란 고래, 빙산의 일각이라는 말이 왜 나왔는지를 알 수 있게 해주는 바다 밑 빙산의 전체 모습, 폭풍우 속에서도 고요한 깊은 바다. 각양각색의 산호 사이에 알록달록한 물고기들이 노니는 산호초와 그 사이를 헤엄치는 다이버들의 모습도 빠질 수 없지요.

이 책은 겨우 다섯 장면 안에 열대의 바다에서부터 북극 바다까지,

쓰레기가 잔뜩 쌓인 바다에서부터 '우리가 꿈꾸던 깨끗하고 아름다운 바다'까지, 환한 놀이터로서의 바다에서부터 엄숙한 생존경쟁의 터전인 바다까지 다채롭게 보여줍니다. 그러면서 그 보여줌 자체를 통해 독자들이 바다에 대해 다양하게 느끼면서 생각하게 합니다. 몇 번이고 다시 책장을 펼치며 온갖 바다생물들을 찾아보게 합니다. 보통 그림책의 두 배 정도 되는 가격이지만 그 이상의 가치가 있다고 인정하지 않을 수 없습니다. 현대의 그림책은 여기까지 발전하고 진화해왔습니다.

04
그림책도서관, 멀티플레이스*

그림책, 멀티미디어

우리 그림책의 역사는 그다지 길지 않습니다. 연구자들마다 견해는 다르지만 짧게는 30년, 길어도 70년 정도입니다. 그림책이라기보다는 일러스트레이션이라고 할 수 있는 작업에서부터 그 뿌리를 찾기도 합니다. 신문의 삽화, 화가의 그림이 문학잡지의 표지를 장식하는 일이 거론되는 경우도 있습니다. 이것은 그림이 글과 합해져서 어떤 서사 혹은 의미나 감정을 더하기도 하고 확장시키기도 한다는 소극적 의미의 협업 차원을 조명하는 시각입니다.

그림이 단순히 글을 돕는 정도가 아니라 주체적으로 이야기를 담당하는 차원에 접어들면서 그림책은 하나의 미디어로 정착하게 되었습니다. 초기에는 글을 모르는 아이들을 위한 교육용 교재 정도로 여겨

---
* 2016년 순천 그림책도서관 빌전을 위한 세미나 발표 원고입니다.

졌지만 30년 남짓한 시기에 그림책은 그 위상이 확연히 달라졌습니다. 아마도 가장 드라마틱한 정체성 변화를 거쳐 온 장르라고 할 수 있을 것입니다. 아이들에게 글이나 사물을 가르치는 데에서부터 과거의 역사와 풍습을 알려주고 현재의 삶을 담아내는 것이 내용상의 변화였다면, 양식 면에서도 지평이 넓어집니다. 그림책은 단순한 회화만이 아니라 사진, 조각, 자수 등의 기법을 다양하게 사용합니다. 이런 기법은 책의 내용을 완성하는 구성 요소로서만이 아니라 사진, 조각, 자수 등의 예술 양식으로 독자를 적극적으로 안내하면서 그 양식들과 링크시킬 수 있다는 차원에서 그림책에 멀티미디어의 성격을 부여합니다. 음악을 접목시키는 경우도 그렇습니다.

또한 그림책은 영화, 연극, 뮤지컬, 애니메이션, 인형극, 무용 등 다른 미디어로 이용할 수 있는 가능성이 활짝 열려 있는 매체입니다. 물론 소설이나 동화도 그런 멀티유즈 소스이지만 그림책은 더 간편하게 소규모로 신속하게 전용할 수 있는 게릴라 소스라고 할 수 있습니다.

그림책에서 다른 매체로의 전환뿐 아니라 다른 매체에서 그림책으로의 전환도 그렇습니다. 소설이나 동화 등 긴 이야기를 그림책으로 다시 만드는 경우가 대표적입니다. 〈피터와 늑대〉, 〈동물의 사육제〉 같은 스토리가 있는 음악들도 그림책으로 자주 변환됩니다. 짧은 애니메이션을 그

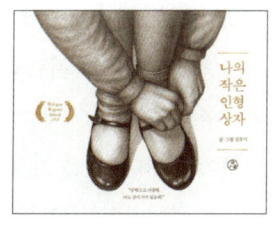

《나의 작은 인형 상자》
글·그림 정유미 /
CULTURE PLATFORM

림책으로 전환시켜 양 매체 모두에서 세계적인 주목을 받은 《먼지 아이》와 《나의 작은 인형 상자》 같은 경우도 있습니다.

그림책 작가, 멀티아티스트

그리하여 그림책 작가는 이제 다양한 장르의 예술에 대한 이해와 솜씨를 보여주는 멀티아티스트로 진화하고 있습니다. 그들은 이성적이고 논리적이며 조직적으로 글을 다루어야 하고, 무의식과 잠재의식까지 건드릴 수 있는 감성적인 그림을 펼쳐야 합니다. 서체를 포함한 디자인의 측면, 종이나 잉크 등을 포함하는 인쇄 제작 과정에도 사정이 밝아야 합니다. 그뿐인가요. (글을 쓰고) 그림만 그려서 넘기면 끝나는 옛날과 달리, 무섭게 변하는 저작권 환경에 촉각을 곤두세우고 저작권에 관련된 법률적 사항들도 치밀하게 점검하며 대응하는 자세도 갖추고 있어야 합니다.

책이 나오면 이제는 책을 매개로 독자들과 만나 이벤트를 벌이는 데까지 작가들은 적극적으로 나서야 하는 상황이 되었습니다. 독자와의 만남의 장은 일종의 무대라고 할 수 있으니 무대 체질로 자신을 변화시켜야 합니다. 책을 가장 잘 보여주면서 독자와 활발하게 소통할 수 있도록 무대장치를 고안하고, 이벤트의 전체적 흐름을 구성하고, 무대에 나서서 공연을 해야 합니다. 연출, 연기, 무대, 조명 등을 총체적으로 담당하는 멀티아티스트가 되어야 하는 것입니다. 실제로 많은 작가들이 자신의 작품과 관련된 다양한 전시공간을 꾸미고, 극단에서 훈련을 받으면서 무대 위에서 자신의 작품 세계를 펼치는 활동을 하고 있습니다.

그림책 독자, 멀티에이지

그림책이 그동안 어린 아이용 교육매체라는 틀에서 벗어나오듯 그림책의 독자도 어린이에서 모든 연령층으로 확대되고 있습니다. '0세에서 100세까지'를 그림책의 독자로 상정하는 출판사들이 많아지고 있습니다. 그림책을 매개로 문화활동을 하는 어른들의 모임도 늘어나는 추세입니다.

2016년 출범한 그림책협회의 모토는 그림책을 '제10예술'로 자리매김하자는 것입니다. 시대의 흐름에 따라 새롭게 생겨나는 예술매체는 변방에서 서성거리던 초기 단계를 지나 주류 예술로 자리 잡게 됩니다. 사진과 만화가 그런 단계를 거쳐 제8예술, 제9예술로 명명되었습니다. 그 뒤를 이제는 그림책이 이어야 한다는 것입니다. 이미지 하나만 있는 사진이나 글이 촘촘하고 이야기가 긴 만화보다, 간결하면서 함축적인 글과 서사성 있는 그림들이 짧거나 긴 이야기를 만들어내는 그림책은 훨씬 다양한 연령층에게 의미 있게 다가갈 수 있는 장르가 될 수 있습니다.

그린 치 원에서 그림책은 아마도 음악과 가장 가까운 예술이 아닐까

합니다. 세 시간이 넘는 바그너의 음악극 같은 예외가 있기는 하지만, 거의 모든 음악은 어린이나 어른 모두에게 어떤 울타리도 치지 않습니다. 모차르트의 〈반짝반짝 작은 별〉이 유치원에서 불릴 수도 있고 그 변주곡이 노벨상 시상식장의 축가로 불릴 수도 있는 것과 같은 이치입니다. 생일 축하 노래는 한 살짜리 아기에게나 백세 노인에게나 똑같은 의미로 다가갑니다.

물론 모든 연령층의 사람들이 모든 그림책을 똑같이 이해할 수 있다는 뜻은 아닙니다. 그림책이라는 장르 자체가 모든 연령층이 쉽게 접근하면서 그 안의 예술을 누릴 수 있는 다양한 지평을 담고 있다는 것입니다. 예술이 인생과 사회와 인간을 더 잘 이해하고, 미적인 감각을 일깨우며 넓혀가고, 자신과 타인을 들여다보고 반성하면서 더 나은 사람으로 발전하는 데 필요한 매체라는 차원에서 그렇다는 뜻입니다.

그림책도서관, 멀티플레이스

멀티아티스트가 만들어 멀티에이지의 독자들에게 보여주는 멀티미디어인 그림책을 만나는 장소인 그림책도서관은 그렇다면 어떤 장소가 되어야 할까요? 두말할 것 없이 멀티플레이스가 되어야 할 것입니다.

우선은 그림책을 효율적으로 보여줄 수 있는 도서관이 기본입니다. 작가별, 테마별, 연령별, 국가별 등 독자들의 요구에 맞추어 쉽게 책을 골라볼 수 있도록 분류 체계가 세심하게 세워져야 합니다. 가능하다면 독자 하나하나의 특성을 파악할 수 있는 독서카드가 작성되고 그 자료를 바탕으로 독서 반경이 넓어지도록 사서들이 독자를 도와줄 수 있다면 더 좋겠습니다.

그림 자체와 가까워질 수 있는 전시가 언제나 열리는 전시장도 있어야겠습니다. 많은 도서관에서 이미 그런 행사를 하고 있기는 하지만 그림책도서관만의 그림 전시는 좀 다른 특성을 보여주는 게 좋겠지요. 작가의 일방적인 전시가 아니라 독자들과의 소통을 보여주는 전시─회화, 조각, 사진, 자수, 패션 등 다양한 기법을 이용한 활동을 함께하고 결과물을 함께 전시하는 그런 프로그램이 잘 짜여서 사시사철 독자들을 끌어들이면 좋겠습니다. 이 과정에서 지역사회의 해당 장르 전문가들이 참여하면 그림책의 멀티미디어적인 특성이 더 확대될 수 있을 것입니다.

멀티아티스트 작가들의 다양한 이벤트 공간을 위해서는 공연장(영화관)도 필수입니다. 인형극, 연극, 무용극, 음악극 등 작은 규모의 공연을 발 빠르게 바꾸어 이어갈 수 있도록 효율적인 무대를 갖추고 잘 짜인 프로그램이 운용되어야 하겠지요. 작가 개인의 그림책을 바탕으로 한 일인 무대가 중심이 되겠지만, 다른 장르 예술과의 협업도 바람직합니다. 지역 극단이나 무용단 같은 예술단체뿐 아니라 다른 지방의 여러 예술단체와의 공동 작업도 충분히 가능할 것입니다.

그림책 독자를 모든 연령층으로 확대하기 위해서는 그 연령층의 사람들이 모일 만한 매력이 있는 부대시설이 필요합니다. 그림책도서관은 섬처럼 고립돼 있는 것이 아니라 많은 사람들이 다양하게 삶과 예술을 즐길 수 있는 복합몰을 지향해야 합니다. 시니어들을 위한 사랑방, 아이들을 위한 어린이집이 도서관 안에 혹은 도서관 옆에 자리 잡고 있으면 좋겠습니다. 어른들은 그림책 감상, 공부와 함께 아이들에게 책 읽어주는 활동을 하면서 삶의 활기를 찾을 수 있지 않을까요. 초등학교 아이들과 청소년들을 위한 공부방이나 동아리방도 갖출 수 있으면 좋겠습니다.

카페와 식당도 꼭 필요한 부대시설입니다. 지역 특성을 잘 보여주는 음식들을 선보이는 식당이 바로 옆에 있다면 그림책도서관의 명성과 이용률도 저절로 올라가지 않을까요.

마지막으로 책방을 강조하고 싶습니다. 그림책을 매개로 한 다양한 사회적 예술 활동은 그림책 구입으로 연결되어야 합니다. 그것이 그림책 '산업'을 지속적으로 발전시키는 길입니다. 그 멀티아트적 특성으로 보자면 그림책은 책방에서 엄숙하게 사는 책이 아니라 도서관, 전시장, 공연장, 카페에서 흥겹게 사는 책으로 자리 잡는 것이 가장 어울립니다. 재미있는 책을 읽고, 좋은 공연과 전시를 보고, 맛있는 밥을 먹고, 마음에 꼭 드는 그림책을 사들고 집으로 돌아가는 삶. 그림책도서관이 제공하는 비전으로 권하고 싶습니다.

[똑, 똑 그림책]

엽기 그림책 읽는 법

어른들은 아이들에게 가능하면 예쁘고 곱고 착한 책을 보여주려고 합니다. 그 책의 메시지를 그대로 받아 곱고 착한 생각을 가슴과 머릿속에 쌓아두기를 바라면서요. 그래서 심술궂고 무섭고 거친 책을 보면 당황하게 됩니다. 이런 책을 보고 아이들이 뭘 배울 수 있을까, 아이들에게 부정적인 영향을 끼치는 건 아닐까, 걱정이 됩니다.

결론부터 간단히 말하자면, 아이들은 자동판매기의 상품이 아닙니다. 착한 책을 넣고 단추를 누르면 착한 아이가 튀어나오게 돼 있는 게 아니라는 거지요. 마찬가지로 심술궂은 책을 보여준다고 심술궂은 사람이 되는 것도 아닙니다. 책은 고이 받아 그대로 모여야 하는 신주단지가 아니라 선택적, 분석적, 비판적으로 볼 수 있게 되어 있는 물건입니다. 아이들은 자기 나름대로 책의 내용을 가려서 받아들이고, 비판하고, 그러면서 즐길 수 있는 능력이 있습니다. 어른들은 아이들의 그런 능력을 믿고 키워주는 독서지도를 해줄 필요가 있습니다. 책은 무슨 주제를 전달하느냐가 문제가 아니라 그 주제를 얼마나 좋은 글과 그림으로 재미있으면서도 설득력 있게 펼쳐 보이느냐가 문제입니다. 아이들을 자신과 동등한 차원의 인간으로 진지하게 대접하면서 최선을 다해 말을 거는 작가가 그런 재미와 설득력을 갖춘 책을 내놓을 수 있습니다. 아이들을 인간과 세상을 폭넓고 다층적인 시선으로 보도록 훈련시켜 깊이 있는 사람으로 성장시킬 수 있습니다. 아이들을 자동판매기의 깡통음료쯤으로 여기고 그저 선하고 훌륭한 메시지만 쏟아부으면 된다고 여기는 듯한 책은, 오히려 아이들에게서 책 읽는 재미를 빼앗을 뿐 아니라 책을 믿지 않게 만듭니다. 세상을 보는 눈을 얄팍하게 만들어 버립니다.

《신통방통 제제벨》이라는 그림책을 볼까요? 공부도 잘하고 엄마 말씀도 잘 듣고 방도 잘 치우고 옷도 안 더럽히고, 이렇게 착실한 아이가 동물원에서 도망을 나온 악어에게 잡아먹힙니다! 아니, 뭐 이런 이야기가 다 있어요? 그럼 착한 아이가 되지 말란 말인가요? 어른들은 그렇게 볼멘소리를 하지만 아이들은 다릅니다. "엄마, 이 책 좀 봐! 너무 재밌어!!" 하면서 들고 뛰어옵니다.

아이들의 심리묘사에 탁월한 재능을 발휘하는 작가 토니 로스는, 매사를 완벽하게 어른들이 바라는 대로 해내는 아이는 있을 수 없다고 잘라 말합니다. 있을 수 없는 정도가 아니라 괴물 같은 존재, 있어서는 안 되는 존재로 그립니다. 그림으로 그려진 제제벨의 모습을 가만히 보세요. 그의 의도를 짐작할 수 있을 것입니다. 어른들이 끊임없이 착하고 얌전하고 말 잘 듣기를 요구하는 것이 아이들을 얼마나 억압하는 일인지, 아이들을 얼마나 괴물로 만드는 일인지, 토니 로스는 그 점을 지적하고 있습니다. 그걸 알아차리는 아이들은 제제벨이 잡아먹히는 것을 보고 환성을 지르는 것이지요. 그러면서 카타르시스를 느끼고 현실의 스트레스를 이겨낼 마음의 힘을 키웁니다.

일본의 유명한 그림책 작가인 고미 타로도 그랬습니다. 아이들에게 너무 좋은 것만 퍼부어 주지 말라고요. 그게 다 독이 될 수 있다고요. 아이들은 가능하면 좋은 것, 나쁜 것을 다양하게 접하면서(직접 접할 수는 없지요. 그래서 독서를 통한 간접 체험이 중요한 것입니다.) 세상에 대한 면역력을 키울 필요가 있습니다. 엽기 그림책은, 말하자면 예방주사 같은 것입니다. 하지만 이 예방주사는 하나도 아프지 않습니다. 얼마나 재미있는데요! 재미있는 예방주사 노릇을 하는 훌륭한 엽기 그림책, 가능한 한 많이 읽혀주세요.

II

우리 그림책 형편

1 2000년대 스테디셀러 그림책의 특징
2 가장 스마트한 매체 - 그림책
3 어린이책은 어떻게 만들어지나
4 울타리를 넘어 더 넓은 영토로
5 그림책을 세우는 사람들
[똑, 똑 그림책] 그림책이 못 할 말은 없다

01
2000년대 스테디셀러 그림책의 특징[*]

2000년대 들어 우리나라 그림책은 눈부신 성장세를 보여주었습니다. 외국 그림책이 봇물 터지듯 들어오던 90년대를 지난 뒤 창작 그림책의 출판 기세가 그 뒤를 이은 시기였지요. 2004년 《지하철은 달려온다》와 《팥죽할멈과 호랑이》가 볼로냐가치 상 우수상을 받은 이후 볼로냐국제아동도서전에서 심심치 않게 라가치 상과 올해의 일러스트레이터 상 수상 소식이 들려왔습니다. 그림책 수출도 중국이나 태국 같은 아시아 시장을 넘어서 남미와 아프리카로 행보를 넓혀갔습니다.

우리나라 그림책의 이런 국제적 성장세 뒤에는 그림책을 기획하고 창작하는 글·그림 작가와 편집자, 그림책을 구매하고 읽는 독자 사이의 공조관계라는 힘이 자리를 잡고 있습니다. 그림책은 어른 책과 어린이책을 막론하고 다른 어떤 장르보다 더 협동적인 장르입니다. 다

---

* 어린이문화계간지 〈아침햇살〉 2010년 특집 원고입니다. 한 학기 그림책 수업을 함께 하며 자료 조사를 도와준 중앙대학교 문예창작과 대학원생들에게 감사합니다.

른 장르처럼 작가가 혼자 고독하고 고집스럽게 창작과정을 처음부터 끝까지 감당해서 나오는 책도 있지만, 편집자의 기획에 의해서 씨앗이 뿌려지고, 글 작가와 그림 작가의 공동작업을 통해서 열매가 거두어지는 경우가 드물지 않습니다. 아동교육학자나 심리학자, 언어학자의 조언도 때때로 중요한 역할을 하며, 열심히 독후감을 올리고 독서지도 방법을 나누는 독자들의 평가와 활용도가 다음 책의 기획에 긴요한 힌트가 될 때도 있습니다.

그림책이 유난히 교육열 높은 우리나라의 학부모에게 조기 교육의 주요 매체로 간주된다는 점도 그림책의 기획적 성격을 높이는 요인이 되기도 합니다. 동화책의 경우에는 공부와 관련해서 수학동화, 철학동화, 윤리동화, 환경동화, 역사동화, 과학동화, 음악동화, 미술동화 등등, 상당히 세밀한 분류체계가 짜여 있는데, 동화의 자리에 그림책을 가져다 놓아도 양상은 별반 다르지 않습니다. 그리하여 많은 그림책들이 교육적, 계몽적 의도 바깥에 재미있고 예술적인 글과 그림의 외피를 입히는 것을 목표로 창작됩니다. 이런 역동적인 동기 위에서 만들어진 그림책들이 볼로냐 브라티슬라바에서 예술적인 평가를 받고, 세계시장에서 상업적인 성과를 올리는 것을 보는 일은 상당히 흥미롭습니다.

그렇다면 우리 그림책 현장의 어떤 점이 그런 역동적인 동기를 만들어낼까요. 그 궁금증 풀기의 한 단계로 스테디셀러 그림책의 현황을 들여다보기로 했습니다. 구매자와 독자들에게 인정받고 평가받으며 꾸준히 선택되는 그림책들에 대한 이해는 어린이, 어른 독자들의 독서

양태에 대한 다양한 분석을 가능하게 하며, 작가들과 편집자들의 기획, 창작 행보에 의미 있는 영향을 미칠 수도 있을 것입니다.

이 조사의 기본 자료를 확보하기 위해 국내 인터넷 서점 다섯 곳의 판매 순위를 근거로 리스트를 추려보았습니다. 알라딘, 예스24, 인터파크, 교보문고, 오픈키드가 대상 인터넷 서점이었습니다. 유아·어린이 파트의 스테디셀러 부문 판매량을 기준으로 판매 순위가 높은 순서부터 50권의 책이 각각 선별되었습니다. 자료 수집 기간은 2010년 4월 16일에서 2010년 4월 29일 사이이며, 각 서점 별 조사 날짜는 다음과 같습니다.

알라딘 - 2010. 04. 16
예스24 - 2010. 04. 19.
인터파크 - 2010. 04. 23.
오픈키드 - 2010. 04. 28.
교보문고 - 2010. 04. 29.

그 결과 각 인터넷 서점별 스테디셀러 50권의 목록과, 다섯 곳의 인터넷 서점 가운데 두 곳 이상에서 중복되어 나타나는 책을 모은 종합 목록을 정리하면 다음과 같습니다. (2회 이상 목록에 오른 책은 굵은 글씨로 표시하였습니다.)

인터넷 서점들의 베스트셀러 그림책

(1) 알라딘

순위	제목	작가	출판사
1	강아지똥	권정생	길벗어린이
2	누가 내 머리에 똥 쌌어?	베르너 홀츠바르트/볼프 에를브루흐	사계절
3	사랑해 사랑해 사랑해	버나뎃 로제티 슈스탁/캐롤라인 제인 처치	보물창고
4	사과가 쿵!	다다 히로시	보림
5	돼지책	앤서니 브라운	웅진
6	심심해서 그랬어	윤구병/이태수	보리
7	기차 ㄱㄴㄷ	박은영	비룡소
8	구름빵	백희나	한솔교육
9	우리 몸의 구멍	허은미/이혜리	천둥거인
10	곰 사냥을 떠나자	마이클 로젠/헬렌 옥슨버리	시공주니어
11	무지개 물고기	마르쿠스 피스터	시공주니어
12	으뜸 헤엄이	레오 리오니	마루벌
13	바빠요 바빠	윤구병/이태수	보리
14	세밀화로 그린 보리 아기그림책 1	편집부/이태수	보리
15	괴물들이 사는 나라	모리스 샌닥	시공주니어
16	선인장 호텔	브렌다 기버슨/메건 로이드	마루벌
17	아씨방 일곱동무	이영경	비룡소
18	우리 순이 어디 가니	윤구병/이태수	보리
19	사과가 쿵! (보드북)	다다 히로시	보림
20	작은 집 이야기	버지니아 리 버튼	시공주니어
21	괜찮아	최숙희	웅진
22	우리엄마	앤서니 브라운	웅진

23	못말리는 종이괴물	루이 트롱댕	아이세움
24	터널	앤서니 브라운	논장
25	세상을 담은 그림, 지도	김향금/최숙희	보림
26	우리끼리 가자	윤구병/이태수	보리
27	눈사람 아저씨	레이먼드 브릭스	마루벌
28	늑대가 들려주는 아기돼지 삼형제 이야기	존 셰스카/레인 스미스	보림
29	검피 아저씨의 뱃놀이	존 버닝햄	시공주니어
30	응가하자, 끙끙	최민오	보림
31	고맙습니다, 선생님	패트리샤 폴라코	아이세움
32	황소와 도깨비	이상/한병호	다림
33	팥죽할머니와 호랑이	조대인/최숙희	보림
34	엄마가 알을 낳았대!	배빗 콜	보림
35	요셉의 작고 낡은 오버코트가	심스 태백	베틀북
36	아무도 모를 거야, 내가 누군지	김향금/이혜리	보림
37	반쪽이	이미애/이억배	보림
38	오소리네 집 꽃밭	권정생/정승각	길벗어린이
39	세밀화로 그린 보리 아기그림책 2	편집부/이태수	보리
40	미술관에 간 윌리	앤서니 브라운	웅진
41	한눈에 펼쳐보는 우리나라 지도 그림책	민병준/구연산	진선아이
42	앤서니 브라운의 행복한 미술관	앤서니 브라운	웅진
43	세밀화로 그린 보리 아기그림책 3	편집부/이태수	보리
44	깜짝깜짝! 색깔들	척 머피	비룡소
45	멍멍의사 선생님	배빗 콜	보림
46	집 나가자 꿀꿀꿀	야규 마치코	웅진
47	황소 아저씨	권정생/정승각	길벗어린이
48	피터의 의자	애즈라 잭 키츠	시공주니어

| 49 | 세밀화로 그린 보리 아기그림책 5 | 편집부/이태수 | 보리 |
| 50 | 세밀화로 그린 보리 아기그림책 4 | 편집부/이태수 | 보리 |

(2) 예스24

순위	제목	작가	출판사
1	사랑해 사랑해 사랑해	버나뎃 로제티 슈스탁/캐롤라인 제인 처치	보물창고
2	괜찮아	최숙희	웅진
3	구름빵	백희나	한솔
4	강아지똥	권정생/정승각	길벗어린이
5	나도 나도	최숙희	웅진
6	돼지책	앤서니 브라운	웅진
7	사랑해 모두모두 사랑해	메리언 데인 바우어/캐롤라인 제인 처치	보물창고
8	누가 내 머리에 똥 쌌어?	베르너 홀츠바르트/볼프 에를브루흐	사계절
9	어린이를 위한 우리나라 지도책	이형권/김정한	아이세움
10	무지개 물고기	마르쿠스 피스터	시공주니어
11	곰 사냥을 떠나자	마이클 로젠/헬렌 옥슨버리	시공주니어
12	두드려 보아요	안나 클라라 티돌름	사계절
13	심심해서 그랬어	윤구병/이태수	보리
14	괴물들이 사는 나라	모리스 샌닥	시공주니어
15	리디아의 정원	사라 스튜어트/데이비드 스몰	시공주니어
16	눈물바다	서현	사계절
17	우리 몸의 구멍	허은미/이혜리	천둥거인
18	터널	앤서니 브라운	논장

19	기차 ㄱㄴㄷ	박은영	비룡소
20	미술관에 간 윌리	앤서니 브라운	웅진
21	팥죽할멈과 호랑이	박윤규/백희나	시공주니어
22	작은 집 이야기	버지니아 리 버튼	시공주니어
23	똥벼락	김희경/조혜란	사계절
24	네가 태어난 날엔 곰도 춤을 추었지	낸시 틸먼	내 인생의 책
25	먼지깨비	이연실	한솔수북
26	아델과 사이먼	바바라 매클린톡	베틀북
27	잘 자요, 달님	마가렛 와이즈 브라운/클레멘트 허드	시공주니어
28	뭐하니?	유문조/최민오	천둥거인
29	고맙습니다, 선생님	패트리샤 폴라코	아이세움
30	황소와 도깨비	이상/한병호	다림
31	늑대가 들려주는 아기돼지 삼형제 이야기	존 셰스카/레인 스미스	보림
32	난 밥 먹기 싫어	이민혜	시공주니어
33	갯벌이 좋아요	유애로	보림
34	세밀화로 그린 보리 아기그림책 1	편집부/이태수	보리
35	오소리네 집 꽃밭	권정생/정승각	길벗어린이
36	안아줘	제즈 앨버로우	웅진닷컴
37	누구 그림자일까?	최숙희	보림
38	우리는 친구	앤서니 브라운	웅진주니어
39	재주꾼 오형제	이미애/이형진	시공주니어
40	팥죽할머니와 호랑이	조대인/최숙희	보림
41	생각하는 1 2 3	이보나 흐미엘레프스카	논장
42	쿠키 한 입의 인생 수업	에이미 크루즈 로젠탈/제인 다이어	책 읽는 곰
43	한눈에 펼쳐보는 우리나라 지도 그림책	민병준/구연산	진선아이

44	프레드릭	레오 리오니	시공주니어
45	검피 아저씨의 뱃놀이	존 버닝햄	시공주니어
46	도서관에 간 사자	미셸 누드슨/케빈 호크스	웅진주니어
47	나무는 좋다	재니스 메이 우드리/마르크 시몽	시공주니어
48	황소 아저씨	권정생/정승각	길벗어린이
49	똥이 풍덩	알로나 프랑켈	비룡소
50	도서관	사라 스튜어트/데이비드 스몰	시공주니어

(3) 인터파크

순위	제목	작가	출판사
1	괜찮아	최숙희	웅진주니어
2	구름빵	백희나	한솔수북
3	돼지책	앤서니 브라운	웅진주니어
4	사랑해 사랑해 사랑해	버나뎃 로제티 슈스탁/캐롤라인 제인 처치	보물창고
5	심심해서 그랬어	윤구병	보리
6	고맙습니다 선생님	패트리샤 폴라코	아이세움
7	사윗감 찾아 나선 두더지	김향금/이영원	보림
8	재주꾼 오형제	이미애/이형진	시공주니어
9	선인장 호텔	브렌다 기버슨/메건 로이드	마루벌
10	만희네 집	권윤덕	길벗어린이
11	엄마랑 뽀뽀 (보드북)	김동수	보림
12	똥벼락	김회경/조혜란	사계절
13	두드려 보아요! (보드북)	안나 클라라 티돌름	사계절
14	황소와 도깨비	이상/한병호	다림

15	어린이를 위한 우리나라 지도책	이형권/김정한	아이세움
16	오소리네 집 꽃밭	권정생/정승각	길벗어린이
17	앤서니 브라운의 행복한 미술관	앤서니 브라운	웅진주니어
18	늑대가 들려주는 아기돼지 삼형제 이야기	존 셰스카/레인 스미스	보림
19	팥죽 할머니와 호랑이	조대인/최숙희	보림
20	누가 내 머리에 똥 쌌어?	베르너 홀츠바르트/볼프 에를브루흐	사계절
21	설 우리 놀이 우리 문화	이선영/최지경, 백희나	한솔수북
22	솔이의 추석 이야기	이억배	길벗어린이
23	사랑해 모두모두 사랑해	메리언 데인 바우어/캐롤라인 제인 처치	보물창고
24	도깨비를 빨아버린 우리 엄마	사토 와키코	한림출판사
25	우리 몸의 구멍	허은미/이혜리	천둥거인
26	우리 엄마	앤서니 브라운	웅진주니어
27	터널	앤서니 브라운	논장
28	갯벌이 좋아요	유애로	보림
29	가로수 밑에 꽃다지가 피었어요	이태수	우리교육
30	우리 순이 어디 가니	윤구병/이태수	보림
31	길아저씨 손아저씨	권정생/김용철	국민서관
32	빈 화분	데미	사계절
33	리디아의 정원	사라 스튜어트/데이비드 스몰	시공주니어
34	도서관에 간 사자	미셸 누드슨/케빈 호크스	웅진주니어
35	고양이	현덕/이형진	길벗어린이
36	시리동동 거미동동	권윤덕	창비
37	곰 사냥을 떠나자	마이클 로젠/헬렌 옥슨버리	시공주니어
38	따릉따릉 따르릉 (보드북)	애플비 편집부	애플비
39	괴물들이 사는 나라	모리스 샌닥	시공주니어
40	미술관에 간 윌리	앤서니 브라운	웅진주니어

41	나무는 좋다	재니스 메이 우드리/마르크 시몽	시공주니어
42	황소 아저씨	권정생/정승각	길벗어린이
43	도서관	사라 스튜어트/데이비드 스몰	시공주니어
44	프레드릭	레오 리오니	시공주니어
45	랄랄라 우리 동요(소리북/ 보드북)	애플비 편집부	애플비
46	바빠요 바빠	윤구병/이태수	보리
47	작은 집 이야기	버지니아 리 버튼	시공주니어
48	이모의 결혼식	선현경	비룡소
49	나도나도	최숙희	웅진주니어
50	엄마가 알을 낳았대	배빗 콜	보림

(4) 오픈키드

순위	제목	작가	출판사
1	강아지똥	권정생/정승각	길벗어린이
2	난 토마토 절대 안 먹어	로렌 차일드	국민서관
3	괴물들이 사는 나라	모리스 샌닥	시공주니어
4	당나귀 실베스터와 요술 조약돌	윌리엄 스타이그	다산기획
5	돼지책	앤서니 브라운	웅진주니어
6	옛날옛날에 파리 한 마리를 꿀꺽 삼킨 할머니가 살았는데요	심스 태백	베틀북
7	고릴라	앤서니 브라운	비룡소
8	달님 안녕	하야시 아키코	한림출판사
9	누가 내 머리에 똥 쌌어?	베르너 홀츠바르트/볼프 에를브루흐	사계절
10	거미와 파리	메리 호위트/토니 디터리지	열린어린이

11	선생님, 우리 선생님	패트리샤 폴라코	시공주니어
12	사과가 쿵!	다다 히로시	보림
13	열두 띠 이야기	정하섭/이춘길	보림
14	작은 집 이야기	버지니아 리 버튼	시공주니어
15	검피 아저씨의 뱃놀이	존 버닝햄	시공주니어
16	깊은 밤 부엌에서	모리스 샌닥	시공주니어
17	곰 사냥을 떠나자	마이클 로젠/헬렌 옥슨버리	시공주니어
18	똥벼락	김회경/조혜란	사계절
19	기차 ㄱㄴㄷ	박은영	비룡소
20	갯벌이 좋아요	유애로	보림
21	이상한 화요일	데이비드 위즈너	비룡소
22	우리 선생님이 최고야!	케빈 헹크스	비룡소
23	페페 가로등을 켜는 아이	일라이자 바톤/테드 르윈	열린어린이
24	거미 아난시	제럴드 맥더멋	열린어린이
25	장갑	에우게니 M. 라초프	다산기획
26	미산 계곡에 가면 만날 수 있어요	한병호	보림
27	비가 오는 날에…	이혜리	보림
28	오리가 한 마리 있었어요	정유정	보림
29	엄마가 알을 낳았대!	배빗 콜	보림
30	지각대장 존	존 버닝햄	비룡소
31	무지개 물고기	마르쿠스 피스터	시공주니어
32	응가 하자, 끙끙	최민오	보림
33	멍멍 의사 선생님	배빗 콜	보림
34	잘 자요, 달님	마가렛 와이즈 브라운/클레멘트 허드	시공주니어
35	구름 공항	데이비드 위즈너	중앙출판사
36	만년샤쓰	방정환/김세현	길벗어린이
37	엄마 가슴 속엔 언제나 네가 있단다	몰리 뱅	열린어린이

38	솔이의 추석 이야기	이억배	길벗어린이
39	팥죽 할머니와 호랑이	조대인/최숙희	보림
40	리디아의 정원	사라 스튜어트/데이비드 스몰	시공주니어
41	슈렉!	윌리엄 스타이그	비룡소
42	모기는 왜 귓가에서 앵앵거릴까?	버나 알디마/리오 딜런, 다이앤 딜런	보림
43	천둥 케이크	패트리샤 폴라코	시공주니어
44	하늘이 이야기	최재숙/이형진	보림
45	심심해서 그랬어	윤구병/이태수	보리
46	곰	레이먼드 브릭스	비룡소
47	아무도 모를 거야, 내가 누군지	김향금/이혜리	보림
48	아낌없이 주는 나무	셸 실버스타인	시공주니어
49	고양이	김은주, 송윤하	보림
50	지하철을 타고서	고대영/김영진	길벗어린이

(5) 교보문고

순위	제목	작가	출판사
1	강아지똥	권정생/정승각	길벗어린이
2	사랑해 사랑해 사랑해	버나뎃 로제티 슈스탁/캐롤라인 제인 처치	보물창고
3	괜찮아	최숙희	웅진주니어
4	구름빵	백희나	한솔수북
5	심심해서 그랬어	윤구병	보리
6	사랑해 모두모두 사랑해	메리언 데인 바우어/캐롤라인 제인 처치	보물창고
7	수잔네의 봄	로트라우트 수잔네 베르너	보림큐비

8	누가 내 머리에 똥 쌌어?	베르너 홀츠바르트/볼프 에를브루흐	사계절
9	오소리네 집 꽃밭	권정생/정승각	길벗어린이
10	밥 한 그릇 뚝딱	이진경	상상박스
11	고맙습니다, 선생님	패트리샤 폴라코	아이세움
12	선인장 호텔	브렌다 기버슨/메건 로이드	마루벌
13	나도나도	최숙희	웅진주니어
14	도서관에 간 사자	미셸 누드슨/케빈 호크스	웅진주니어
15	수잔네의 여름	로트라우트 수잔네 베르너	보림큐비
16	수잔네의 겨울	로트라우트 수잔네 베르너	보림큐비
17	미술관에 간 윌리	앤서니 브라운	웅진주니어
18	수잔네의 가을	로트라우트 수잔네 베르너	보림큐비
19	우리는 친구	앤서니 브라운	웅진주니어
20	안아줘	제즈 앨버로우	웅진닷컴
21	랄랄라 우리 동요(소리북/ 보드북)	애플비 편집부	애플비
22	한 눈에 펼쳐보는 우리나라 지도 그림책	민병준/구연산	진선아이
23	길아저씨 손아저씨	권정생/김용철	국민서관
24	까꿍 놀이	바니 찰즈버그	보림큐비
25	우리 몸의 구멍	허은미/이혜리	천둥거인
26	어린이를 위한 우리나라 지도책	이형권/김정한	아이세움
27	세상에서 가장 바쁜 화가 아저씨	야누슈 스탄니	여유당
28	와 얼룩말이다	모토노부 키미히사	삐아제어린이
29	응가 하자, 끙끙	최민오	보림
30	우리 가족입니다	이혜란	보림
31	황소 아저씨	권정생/정승각	길벗어린이
32	우리 순이 어디 가니	윤구병/이태수	보림
33	바빠요 바빠	윤구병/이태수	보리

34	모기와 황소	현동염/이억배	길벗어린이
35	세밀화로 그린 보리 아기그림책 1	편집부/이태수	보리
36	너도 갖고 싶니	앤서니 브라운	웅진주니어
37	먼지깨비	이연실	한솔수북
38	영원히 사는 법	콜린 톰슨	논장
39	눈사람 아저씨	레이먼드 브릭스	마루벌
40	시리동동 거미동동	권윤덕	창비
41	고양이	김은주, 송윤하	보림
42	깜짝깜짝 색깔들	척 머피	비룡소
43	빈 화분	데미	사계절
44	자꾸 샘이 나요	김성은/서영경	시공주니어
45	입이 똥꼬에게	박경효	비룡소
46	비밀파티	존 버닝햄	시공주니어
47	똥이 풍덩	알로나 프랑켈	비룡소
48	무슨 줄일까	오무라 토모코	계림북스
49	개구리네 한솥밥	백석/강우근	길벗어린이
50	세밀화로 그린 보리 아기그림책 2	편집부/이태수	보리

종합 집계 결과는?

이상 다섯 곳의 인터넷 서점 스테디셀러 각 50권 중 두 곳 이상의 서점에 오른 책의 목록을 정리하니 모두 48권이었습니다. 유일하게 다섯 군데 모두에서 스테디셀러인 책은 볼프 에를브루흐의 《누가 내 머리에 똥 쌌어》이며, 4회가 15권, 3회가 12권, 2회가 20권이었습니다. 종합목록은 다음과 같습니다.

순위	제목	중복횟수
1	누가 내 머리에 똥 쌌어	5
2	사랑해 사랑해 사랑해	4
3	강아지똥	4
4	괜찮아	4
5	돼지책	4
6	심심해서 그랬어	4
7	괴물들이 사는 나라	4
8	작은 집 이야기	4
9	곰사냥을 떠나자	4
10	우리 몸의 구멍	4
11	팥죽할머니와 호랑이	4
12	오소리네 꽃밭	4
13	미술관에 간 윌리	4
14	황소 아저씨	4
15	고맙습니다, 선생님	4
16	도서관에 간 사자	4
17	구름빵	3
18	기차 ㄱㄴㄷ	3
19	무지개 물고기	3
20	바빠요 바빠	3
21	터널	3
22	우리 순이 어디 가니	3
23	늑대가 들려주는 아기돼지 삼형제 이야기	3
24	검피아저씨의 뱃놀이	3
25	응가하자 끙끙	3
26	황소와 도깨비	3
27	엄마가 알을 낳았대!	3

28	갯벌이 좋아요	3
29	사과가 쿵	2
30	우리 엄마	2
31	눈사람 아저씨	2
32	앤서니 브라운의 행복한 미술관	2
33	깜짝깜짝 색깔들	2
34	멍멍의사 선생님	2
35	두드려 보아요	2
36	똥벼락	2
37	먼지깨비	2
38	안아줘	2
39	똥이 풍덩	2
40	도서관	2
41	선인장 호텔	2
42	솔이의 추석 이야기	2
43	프레드릭	2
44	나무는 좋다	2
45	시리동동 거미동동	2
46	고양이	2
47	빈 화분	2
48	길아저씨 손아저씨	2

목록을 정리하면서 가장 궁금했던 점은 외국 그림책과 우리나라 그림책이 어떤 분포도를 보여주는가 하는 점이었습니다. 서구에서 백년 이상 전개되어온 그림책의 역사에서 고전이나 걸작으로 손꼽히는 작

품들이 우리나라에서는 15년 남짓한 동안 홍수처럼 쏟아져 들어왔고 작가들이나 독자들에게 깊은 인상을 남겼지요. 그림책 공부 모임에서 주로 거론되는 책들도 외국 그림책이었고, 몇몇 인기 있는 외국의 그림책 일러스트레이터들 전시회는 그 미술관 전시회 사상 최고의 관객을 동원하며 화제를 낳기도 했습니다. 우리나라 그림책 분야에서는 그에 필적할 정도로 입에 오르내리는 책이나 작가가 그렇게 많이 떠오르지 않았던지라 외국 그림책이 스테디셀러의 대다수를 차지하지 않을까 하는 생각이었습니다.

그러나 결과는 흥미로웠습니다. 외국 그림책은 28권, 우리나라 그림책은 20권으로, 우리 그림책과 외국 그림책이 비교적 균형 있게 분포되어 있는 것입니다. 목록 중 외국 그림책과 우리 그림책을 각각 분류하면 다음과 같습니다.

외국 그림책

누가 내 머리에 똥 쌌어/사랑해 사랑해 사랑해/돼지책/괴물들이 사는 나라/작은 집 이야기/곰사냥을 떠나자/미술관에 간 윌리/고맙습니다, 선생님/도서관에 간 사자/무지개 물고기/터널/늑대가 들려주는 아기돼지 삼형제 이야기/검피아저씨의 뱃놀이/엄마가 알을 낳았대!/사과가 쿵/우리 엄마/눈사람 아저씨/앤서니 브라운의 행복한 미술관/깜짝깜짝 색깔들/멍멍의사 선생님/두드려 보아요/안아줘/똥이 풍덩/도서관/선인장 호텔/프레드릭/나무는 좋다/빈 화분

우리 그림책

강아지똥/괜찮아/심심해서 그랬어/우리 몸의 구멍/팥죽할머니와 호랑이/오소리네 꽃밭/황소 아저씨/구름빵/기차 ㄱㄴㄷ/바빠요 바빠/우리 순이 어디 가니/응가하자 끙끙/황소와 도깨비/갯벌이 좋아요/똥벼락/먼지깨비/솔이의 추석 이야기/시리동동 거미동동/고양이(김은주)/길아저씨 손아저씨

작가의 브랜드파워

외국 그림책의 경우, 《돼지책》, 《미술관에 간 윌리》, 《터널》, 《우리 엄마》, 《앤서니 브라운의 행복한 미술관》 등 앤서니 브라운의 책이 다섯 권이나 포진되어 있어서 그의 브랜드파워를 새삼 확인하게 합니다. 앤서니 브라운과 함께 우리나라에서 가장 인기 있는 일러스트레이터로 여겨지는 존 버닝햄의 책이 《검피아저씨의 뱃놀이》 한 권뿐인 것과 대조적이지요. 앤서니 브라운은 가정부로만 취급당하던 엄마의 결연한 봉기를 그린 여성주의적 시각에서부터(《돼지책》) 모든 것을 희생하고 내어주는 전통적인 모성을 칭송하는 남성주의적 시각까지(《우리 엄마》), 이율배반적일 정도로 폭넓은 엄마의 상을 보여주는가 하면, 전래동화를 차용한 깊은 심리적 층위를 보여주는 초현실주의적 그림(《터널》)에서부터 계몽적이고 교육적인 미술관 순례(《미술관에 간 윌리》)까지 다양한 소재와 주제를 다루는 다채로운 그림책을 선보입니다. 그러한 폭넓은 세계와

함께 그 모든 그림책들에 들어 있는 숨은 그림이나 명작 패러디 같은 위트도 그의 책을 꾸준히 찾게 만드는 요인이 아닐까요.

우리나라 그림책의 경우, 윤구병이 글을 쓰고 이태수가 그린 그림책 세 권 《심심해서 그랬어》,《바빠요 바빠》,《우리 순이 어디 가니》가 눈에 띕니다. 부드럽고 정감 넘치는 세밀화로 수십 년 전인 듯한 농촌의 아이들과 동물들, 일하는 사람들과 계절에 따라 변하는 풍경을 펼쳐보이는 이 복고적인 그림책은 우리나라의 전통적인 자연과 정서, 생활상을 그리는 대표적 아이템으로 자리매김된 듯합니다. 이 세밀화 시리즈에 이어 《똥벼락》,《팥죽할머니와 호랑이》,《시리동동 거미동동》,《길아저씨 손아저씨》 등은 전래동화나 동요를 글감으로 삼았고, 《솔이의 추석 이야기》는 우리의 명절 풍경을 소재로 하고 있으니, 우리 그림책의 스테디셀러는 한국적인 것에 대한 탐구와 표현이 주도적임을 알 수 있습니다.

우리나라 작가의 브랜드파워를 말하자면 세 권의 책에 글이 올라 있는 권정생(《강아지똥》,《황소 아저씨》,《길아저씨 손아저씨》)을 들 수 있는데, 글 작가와 그림 작가가 각각 달리 있다는 점, 애초에 그림책용 글이 아니라 단편동화나 옛이야기의 재화라는 특징이 있습니다. 그의 파워는 그림책 작가라기보다는 광범위한 장르의 어린이책 작가로서의 파워로 규정지을 수 있을 것 같습니다. 이는 그의 단편동화가 끊임없이 그림책으로 재생산되는 아스트리드 린드그렌의 경우를 떠올릴 수 있습니다. 이런 특징은 여러 가지 국면에서 점검되어야 할 터인데, 한 작가의 글 콘텐츠를 여러 매체에서 다양하게 활용할 수 있다는 점, 그림책 글의 영역을 넓힌다는 점과 함께, 그림책이라는 장르에 부합되는 글의 성격에 대한 탐구라는 점에서 특히 진지하게 문제가 제기되어야 할 것입니다.

소재의 힘

외국 그림책과 우리 그림책을 막론하고 소재 면에서 가장 눈에 띄는 것은 '똥' 입니다. 다섯 서점 모두에서 스테디셀러에 오른 유일한 책인 《누가 내 머리에 똥 쌌어》를 비롯, 우리나라 그림책 부동의 베스트셀러인 《강아지똥》 외에도 《똥이 풍덩》, 《응가하자 끙끙》, 《똥벼락》 등 다섯 권이 포진되어 있습니다. 이 책들에는 유아들의 배변 훈련에서부터 자기희생을 통한 승화를 다루는 종교적인 상황에 이르기까지 폭 넓은 주제가 담겨 있는데, 단순한 항문기적 욕망과 호기심의 충족을 넘어서 철학적 메시지를 다루거나 고도의 유머를 구사하는 등 다채로운 시선과 기법을 볼 수 있습니다. 한 가지 소재에 대한 진폭 넓은 변용을 한눈에 확인하고 그 특성을 파악할 수 있는 현장입니다.

이 스테디셀러 목록에서 이 외의 어떤 법칙이나 패턴을 찾는다는 것을 가능하지도 않을 뿐더러 필요하지도 않

《돼지책》
글·그림 앤서니 브라운/웅진주니어

은 일이었습니다. 캐릭터는 강아지·돼지·곰·호랑이·황소 등 동물이 주를 이루고, 먹고 싸고 노는 본능적 욕망을 유쾌하게 충족시키는 이야기가 환영을 받지만 미술관이나 도서관 같은 문화적 환경에 친근하게 접근시키는 이야기도 빠지지 않으며, 철학적·종교적·예술적으로 자아를 확립하고 승화시키는 주제도 묵직하게 들어 있다는 점을 새삼 거론할 일은 아니었습니다. 다만 확인한 것은 한 권 한 권의 책이 공통적으로 작가의 세계관, 인간관, 아동관, 가족관, 자연관을 보여주면서 그것을 다루는 방식에서 작가적 개성을 뚜렷하게 드러낸다는 점, 글과 그림에 대한 깊은 애정과 뛰어난 솜씨를 보여준다는 점이었습니다.

이런 분석에 덧붙여 한 가지 제안이 있다면, 우리나라 그림책 스테디셀러가 상당수 전래동화나 동요를 빌려온 글 혹은 작고한 작가의 그림책용 글이 아닌 작품을 토대로 했다는 점, 글자나 우리 몸이나 환경 혹은 풍습을 가르치는 논픽션 성격의 책이라는 점에서 이제는 본격적인 작가적 개성을 드러내는 그림책에 대한 갈증을 채워줄 작가와 작품이 더 많이 나올 필요가 있다는 것이었습니다. 종합 목록 1위가 유쾌하기 짝이 없는 《누가 내 머리에 똥 쌌어》라는 사실은 많은 시사점을 던져줍니다. '노는 존재'로 규정될 정도로 유희성이 승한 아이들의 유희 본능을 충분히 충족시켜주어야 하지 않은가 하는 점입니다. 읽는 아이들뿐 아니라 그림책을 만드는 작가들에게도 마찬가지일 것입니다. 엄숙하게 가르치는 책이 아니라 함께 뛰어노는 그림책, 그런 책을 만들고 읽을 때 글과 그림이 조화롭게 만나는 그림책의 본질은 아이와 어른의 조화로운 만남과 유쾌한 놀이라는 현상을 얻게 될 것입니다.

02
가장 스마트한 매체 – 그림책[*]

볼로냐국제아동도서전 라가치 대상과 우수상들 수상. 브라티슬라바 일러스트레이션 비엔날레(BIB) 그랑프리와 황금사과 상 수상. 뉴욕타임즈 올해의 아름다운 그림책 선정.

최근 몇 년 사이에 한국 그림책 작가, 글 작가, 출판사들이 거둔 성과입니다. 우리나라 출판사 부스는 하나도 없는 가운데 다른 나라 부스들의 풍성한 그림책과 자신감 넘쳐 보이는 작가들을 보며 부러워하던 볼로냐의 풍경이 겨우 십수 년 전이었다는 데 생각이 미치면, 이 발전상은 경이롭기까지 합니다. 전체적으로 위축되어가는 볼로냐국제아동도서전에서도 최근 가장 활기가 넘치는 곳은 한국관이고, 포트폴리오를 들고 전시장 안을 돌아다니는 세계의 신진 일러스트레이터들은 "한국 일러스트가 정말 훌륭하다"면서 엄지손가락을 치켜들곤 합니다.

그림책은 역시 전체적으로 위축되어가는 우리나라의 출판계에서도

---

[*] 2012년 그림책에 대한 총평으로, 2013년초 〈기획회의〉에 실렸습니다.

한 가닥 활력과 희망의 근원지 역할을 합니다. 비록 예전 같은 '폭풍 성장세'는 아니지만 이제는 훨씬 원숙해지고 다양해진 기법, 소재, 세계관, 캐릭터 등을 갖춘 채 듬직한 걸음으로 앞으로 나아가고 있습니다. 2012년 한 해 동안 나온 그림책들에서도 그 행보는 확인할 수 있습니다. 작가의 개성이 뚜렷이 드러나는 환상, 깊은 감성, 발랄한 캐릭터, 사회를 읽는 세심한 눈, 따뜻한 공감력, 치밀한 기획 등이 돋보이는 몇 권의 그림책들을 따라가 보겠습니다.

우선 눈에 띄는 것은 논픽션 그림책들의 약진입니다. 그림책의 가장 큰 태생적 기능이 아이들에게 글자 읽는 법부터 시작해서 세상에 대해 뭔가를 가르치는 '교육'에 있다고 볼 때, 그 기능을 아주 충실히 이행하는 것으로 보이는 분야가 논픽션 그림책일 것입니다. 그러면서도 '정보 전달'에 우선순위가 밀려 아름다움이나 개성이나 작가의식 같은 측면에서는 주목을 받지 못했고, 따라서 '그림책'으로서 평가받는 자리에서는 벗어나 있었던 것이 사실입니다. 하지만 이제는 그림책의 개념에 값하는 논픽션들을 어렵지 않게 만날 수 있습니다. 대표적인 것이 〈일과 사람〉 시리즈인데, "이웃이 하는 일을 알면 세상이 보여요!"라는 캐치프레이즈 아래 중국집, 목장, 학교, 병원, 바다 등에서 일하는 사람들의 삶이 펼쳐집니다. 굵고 간결하고 힘찬 판화에서부터 만화처럼 복닥거리는 그림까지 다양한 일러스트들이 여러 가지 일과 삶을 화가의 개성 안에 담아내면서 직업에 대한 정보 이상의 생기와 감동을 전해주지요. 치밀한 기획, 꼼꼼하고 온기 있는 취재가 뒷받침하고 있기도 하지만 무엇보다 취재 대상에 대한 (글, 그림)작가들의 애정이 아니라면 전달받지 못했을 느낌입니다.

1770년대 한양의 풍경을 사전적으로 다루면서도 리듬감 넘치는 글과 그림으로 맛을 낸《한양 1770》, 고구려 고분 벽화의 점무늬 옷을 소재로 당시 사람들의 생활상을 활달하게 그려 보이는《매호의 옷감》은 역사와 소통하는 흥겨운 방식을 제시해줍니다. 그런가 하면 작가가 조선시대 실학자들을 대면하면서 뚜껑이 열리는 경험을 한 뒤 이 매력적인 조선의 지성-실학자들을 아이들에게 군침이 돌 만큼 재미나게 전해줄 방법으로 내놓은《공부는 왜 하나?》는 그 유머와 위트에 눈이 번쩍 뜨이는 책입니다. 역사적 인물과의 공감과 교류를 간결하면서도 생생하게 이루어내는 가운데 공부를 해야 하는 이유를 유쾌한 설득력으로 내놓은 아이디어가 매력적이지요. 아이가 할아버지와 함께 연을 만들고 날리면서 연에 대해 배우는《엄마꼭지연》은 활달한 그림과 생기 있는 캐릭터들의 얼굴, 재치 있는 환상의 개입으로 정보서 이상의 작품성을 보여줍니다.

그림책이 동물을 즐겨 등장시키는 데에는 캐릭터에 특징과 개성을 부여하는 데 사람보다 더 효과적이라는 편의상 이유도 있지만, 아이들과 동물들 사이의 내적, 외적 동질성이라는 이유도 있습니다. 전적으로 인간에 의해 운명이 결정되는 동물들, 전적으로 어른에 의해 운명이 결정되는 아이들. 인간의 탐욕 앞에서 위기에 몰린 동물들이나 생태적 본성이 억압된 채 사육당하는 동물들의 문제는, 단순한 동물만의 문제를 넘어서 인류 미래의 상황과도 연결됩니다. 《서로를 보다》는 자연 상태 동물들의 장엄한 삶과 동물원 동물들의 목 졸리는 듯한 삶을 번갈아 보여주면서, 아이와 산양이 마주보는 결말을 통해 그런 화두를 꺼냅니다. 그러나 "동물들이 서로를 본다. 우리 안에서, 우리 밖에서" 같은 시적인 텍스트는 이 화두를 애잔한 슬픔과 함께 퍼트려 여운을 깊이 남깁니다. 북극곰의 위기를 그리는 《북극곰 코다》는 어수룩한 사냥꾼과 귀여운 북극곰 캐릭터를 통해 코믹한 분위기로 메시지를 전달하지만 역시 여운은 깊습니다.

동물원의 북극곰이 창살을 벗어나 환상여행을 통해 북극으로 돌아가는 여정을 묵묵히 보여주기만 하는 《흰 곰》은 그 스케일 크면서 사실적으로 세밀한 그림과 대조되는 '말 없음' 덕분에 더 묵직한 울림을 안기는 책입니다. 이 책들이 위기 상황의 동물들을 거시적으로 보여준다면 《수달이 오던 날》은 로드킬 당한 어미 옆에 하염없이 앉아 있다가 사람들에게 구조되고, 수달연구센터에서 야생적응훈련을 받으며 자라는 아기수달의 하루하루를 바로 곁에서 찬찬히 지켜보며 알려줍니다. 사랑스럽기 그지없는 아기수달의 모습이 이런 논픽션 그림책을 만드는 목표, 그러니까 인간과 동물과의 관계에 대한 성찰에 기여할 수 있을 듯합니다.

책 안에서 자기의 고민과 희망, 즐거움과 두려움을 발견하고 공감하면서 위로나 기쁨이나 치유를 받는 아이. 그림책의 또 다른 목표일 것입니다. 우주를 꽉 채울 만큼 커지는 자신을 상상하면서 작은 키에 대한 열등감을 극복하고 자신감을 얻는 아이의 이야기인 《커졌다!》, 냉전 상태인 부모 사이에서 어쩔 줄 모르는 아이의 심정을 알아주고 달래주는 《모르는 척 공주》, 부모와 주위 사람들의 사랑과 관심 속에서 한껏 행복하고 신이 나는 오누이 이야기인 《칭찬 먹으러 가요》들이 그런 목표지점에 가까이 가 있는 책들입니다. 잠시 길 잃은 아이의 두려움을 다독여주고 대처 방법을 알려주는 《빨간 목도리》, 아버지와의 야구 놀이 추억을 따뜻하게 담아낸 《마이 볼》도 독자들의 눈길과 마음을 잡아끕니다.

경계 없는 환상, 굳이 의미나 주제를 찾지 않는 자유로운 이야기, 거침없는 그림. 이런 것들은 그림책의 진정한 매력을 느끼게 해주는 요소입니다. 그런 차원에서 2012년에 나온 가장 매력적인 그림책 중 하나가 《장수탕 선녀님》일 것입니다. 내놓는 작품마다 화제와 관심의 한가운데에 세워놓는 작가의 투철한 장인정신을 확인하고, 능청스러운 유머 감각, 보편적인 미감을 일거에 뒤집는 유쾌한 아이러니 정신을 새롭게 발견할 수 있게 해줍니다. 시각장애인들과 일반인들이 함께 보는 그림책이라는 초유의 개념을 실현시킨 《열두 마리 새》의 실험정신도 소중하고 아름답습니다.

지루한 비도, 무서운 천둥번개도 모두 즐거운 놀이로 탈바꿈시킬 수 있는 아이들의 유희정신을 경쾌한 글과 그림으로 흥겹게 펼쳐보이는 《비 오는 날에》, 동물들이 참가해 사람들과 함께 벌이는 올림픽에서 무슨 일이 일어나는지를 유머 넘치는 유려한 그림으로 떠들썩하게 풀어놓는 《동물들의 첫 올림픽》도 감탄스럽습니다. 이 그림책들이 동물과 인간의 화합에의 열망을 놀이를 통해 신나게 보여준다면, 《춤추고 싶어요》는 황량한 듯하지만 생명력 숨어 있는 아프리카를 배경으로 인간의 음악과 사자의 춤이라는 예술적 매개로 그 열망을 유연하게 묘사합니다. 목마른 아기코끼리들에게 100개의 물방울을 실어 나르는 아빠코끼리의 험난하고 굴곡 많은 여정을 천진한 그림에 꼼꼼히 담아 말없이 보여주는 《코끼리 아저씨와 100개의 물방울》은 가족에 대한 아빠의 헌신을 떠올리면서 오히려 어른 독자들의 콧등을 시큰하게 만드는 책입니다.

각종 스마트한 매체에 밀려 종이책의 설 자리가 점차 좁아지고 있는 이 시대에, 그림책은 그 어떤 스마트 기기도 발휘할 수 없는 종이책만의 스마트한 매력을 부각시키는 데 가장 강력하게 나설 수 있는 매체가 아닐까요. 2012년도의 멋진 그림책들을

《코끼리 아저씨와 100개의 물방울》
글 · 그림 노인경 / 문학동네

돌아보며 갖게 되는 믿음이자 희망입니다. 이즈음 울려 퍼지는 대통합이라는 구호도, 글과 그림 · 인간과 동물 · 아이와 어른 · 환상과 현실이 무람없이 어울리는 그림책 속에서 묵묵히 끈질기게 이미 실행으로 옮겨져 있으니, 우리는 이제 그림책에 좀 더 큰 신뢰를 보내도 좋을 것입니다.

03
어린이책은 어떻게 만들어지나?

도서 수출의 견인차-어린이책

2014년 런던도서전. 전시장인 얼스코트 주빈국관 한쪽 코너에서 우리나라 그림책 전시가 열렸습니다. 〈한국을 나간 한국 그림책〉이라는 제목이 붙어 있었지요. 한국출판문화산업진흥원이 주최하고 KBBY가 주관해서, 볼로냐가치 상이나 BIB 상 등 세계적인 그림책 상을 받았거나 4개국 이상으로 수출된 그림책 51권을 소개하는 자리였습니다. 세계 최대의 어린이도서 시장인 볼로냐국제아동도서전이 끝난 직후였고 전통적으로 어린이책에 별반 주목하지는 않는 런던도서전인지라 큰 기대가 걸린 전시는 아니었는데, 반응은 기대 이상이었습니다. 유럽 중심의 출판사들에서 한국 그림책의 활력과 개성에 대해 많은 언급을 했고, 단순 전시였음에도 저작권 상담 의뢰가 이어진 것이었습니다. 한국 어린이책이 받는 세계적인 평가의 한 단면을 보여주는 현장이었습니다. 이 성과에 고무된 한국출판문화산업진흥원에서는 이후

국제도서전에 꾸준히 그림책 전시관을 마련하기로 했습니다. 도서수출 특성상 전시장에서 보여준 관심이나 상담이 곧장 계약으로 연결되는 것이 아니라 오랜 시간이 걸리기는 하지만, 우리는 희망의 끈을 놓지 않기로 했습니다.

현재 우리나라 도서의 수출은 어린이책이 이끌고 있는 실정입니다. 한국출판연구소의 통계 조사에 따르면 2013년 수출도서 중 아동서(전집, 그림책, 학습서)가 차지하는 비율이 62퍼센트였습니다. 그 외에는 만화가 14퍼센트인데 이것도 아동용 학습만화가 대부분이니, 아마도 수출 도서의 70퍼센트 정도는 어린이책이라고 해도 과언이 아니겠지요. 우리 어린이책의 본격적 세계 진출은 2000년대 중반부터 시작되었다는 평가가 지배적입니다. 이것은 그림책이 뉴욕타임스에서 선정한 그림책 안에 들거나 볼로냐, 브라티슬라바 등에서 상을 받으면서 세계적인 주목을 받은 것과 궤를 같이 한다고 볼 수 있습니다. 이렇게 그림책에서 점화된 수출 열기는 전집과 학습서, 학습만화를 중심으로 높아지고 있습니다.

그러나 이 열기는 그다지 안정적으로 보이지 않습니다. 우리 학습서는 초기에 주로 일본에서 수입되었지만, 한국의 교육 현실에 맞는 교재 개발에 대한 꾸준한 노력으로 수입국 처지에서 벗어날 수 있었지요. 이제는 거꾸로 수출을 주도하는 자리에 와 있습니다. 학습서 출판계에서는 이 양상이 역으로 발생할 수 있다고 전망합니다. 말하자면 한국 학습서의 주 수입국인 중국이 빠른 시일 내에 스스로 교재개발을 해낼 것이며, 그렇게 된다면 학습서 수출의 열기는 곧 스러질 수 있다는 것입니다. 그 하락세는 어린이책 수출에서 전반적인 하락세로 이어질 수도 있을 것입니다. 이런 전망은 우리 어린이책이 기왕에 조성된 수출 활기를 지속시키면서 새로운 활로를 다변적으로 찾아나서야 할 필요성을 역설합니다. 그러기 위해서는 우리 어린이책이 만들어지는 배경에 대해서부터 전반적인 이해와 점검이 앞서야 할 것 같습니다.

창작의 토대

책이 있으려면, 작가가 있어야 합니다. 작가는 어디에서 나올까요. 일반문학의 작가는, 물론 예외도 있지만, 대부분 대학의 문학 관련 학과에서 나옵니다. 문예창작학과와 국문과를 비롯하여 영문과, 독문과, 불문과 등의 해외문학 전공 학과들은 전국 대학에 산재해 있습니다. 예비 작가들은 그런 학과에서 몇 년 동안 국내외 다양한 장르의 작품과 작가, 문예사조, 문학의 역사 등을 배우면서 읽기와 쓰기를 단련합니다.

어린이책 작가에게는 문학 전반에 대한 것뿐 아니라 어린이책의 역사와 작가, 작품에 대한 지식과 어린이라는 특정 계층에 대한 지식이 필요합니다. 어린이라는 존재는 인류사적, 아동발달학적, 문화사적으로 매우 복합적인 콘텍스트가 깔린 위치에 있기 때문에 단순한 유아교육학이나 아동학적 토대 이외의 시각들이 동원되어야 합니다. 그러나 이런 다층적인 접근을 필요로 하는 어린이문학을 전문적으로 배울 수 있는 아동문학과는 국내 어느 대학에도 없습니다. 그림책을 전공할 수 있는 곳도 한두 대학뿐입니다. 몇몇 대학의 미술 관련 학과에서도 그림책 강좌를 열어놓기는 했지만, 정식으로 학과가 있는 것은 아닙니다. 어린이책 작가를 전문적으로 양성하는 공공교육기관이 전무하다시피 한 실정인 것입니다. 그렇다면 현재 어린이책 출판의 활성화를 이끈 작가들은 대체 어디에서 나온 것일까요.

그들 중 일부는 문학 관련 학과나 미술 관련 학과에서 배출되기도 했지만, 대부분은 공교육이 아닌 사교육 현장에서 양성되었다고 보아야 합니다. 1990년대 중 후반까지 어린이책 작가군은 대부분 초등학교 교사로 형성되어 있었습니다. 그러나 2000년대에 접어들어 아동문학을 교육적인 측면이 아닌 문학적인 측면에서 접근하는 시각에 따라 교육 현장과 관계없는 작가들이 본격적으로 등장하기 시작하였습니다. 이런 작가군의 등장 배경에는 한우리 독서문화운동본부, 한겨레문화센터, 어린이책작가교실, 어린이책을 만드는 사람들, 그리고 몇몇 작가의 개인적인 동화 공부모임들이 자리하고 있습니다. 이 새로운 작가들에 의해 동화는 소재와 주제, 기법 면에서 훨씬 다양하고 진취적인 발걸음을 이어갈 수 있었지요.

그림책 역시 같은 수순을 밟아 나갑니다. 한겨레문화센터를 비롯한 꼭두일러스트교육원, 지금은 아크로 이름이 바뀐 힐스(한국 일러스트 교육원) 외에 몇몇 작가들의 교육커뮤니티들이 꾸준히 새로운 그림책 작가들을 배출했습니다. 그림책 쪽의 특기할 만한 사항은, 외국에서 일러스트를 공부하고 돌아온 작가들의 역할이 있다는 점입니다. 영국의 킹스턴대학교, 미국의 SVA(School of Visual Art) 출신 작가들을 대표적인 예로 들 수 있는데, 그들의 활약과 영향이 우리나라의 그림책을 부흥시킨 주요 동력 중 하나로 작용합니다. 소재나 기법 면에서 세계적인 보편성을 바탕으로 한국적인 개성과 독특한 실험 정신을 담아낸 작품을 통해 세계 출판계의 주목을 받게 된 것입니다.

어린이책 출판 시장은 폭발적으로 확대되지만 작가가 자랄 수 있을 만한 공교육기관은 전무한 상황에서, 사교육 영역의 활성화는 자연스러운 귀결이었습니다. 그러나 출판시장이 축소되고 있는 현재 이 사교육 현장은 한계에 부닥칠 수밖에 없습니다. 작가의 입지가 좁아지면서 작가 지망생도 줄어들고, 교육은 위축되는 것입니다. 시장의 하락세만이 문제가 아닙니다. 사교육 현장의 교육 방식도 재정비를 필요로 합니다. 개인이나 작은 커뮤니티에서 행하는 창작실습 위주의 수업에 이제 다른 커리큘럼들이 수혈되어야 하지 않을까, 어린이책의 기원부터 시작하여 역사를 살피고 현재를 점검하는 인문학적 토대가 마련되어야 하지 않을까 하는 목소리가 현장에서부터 나오고 있습니다. 이 요구에 부응하려는 강좌들이 몇몇 단체에 의해 의욕적으로 개설되기는 하지만 한시적인 소규모 모임을 넘어서는 역량이 발휘되기에는 아직 갈 길이 멀어 보입니다.

이런 한계를 넘어서고, 현재까지 조성된 어린이책의 활기를 지속시키고 확대시키기 위해서는 이제 공교육이 일정 부분 역할을 맡아야 할 것입니다. 무엇보다도 대학에 어린이책을 전공할 수 있는 학과가 개설되어야 합니다. 앞서 말한 것처럼 다양한 접근이 필요한 어린이문학에는 창작 실습 이전에 문학, 역사, 미술, 아동심리, 아동발달 등 학문적 바탕이 깔려야 합니다. 이런 폭넓고 다층적이고 조직적인 교육의 뒷받침을 받은 작가들이 나와 준다면 어린이책의 새로운 부흥을 기대해도 좋을 것입니다.

이런 공교육은 무엇보다 현재 우리나라 어린이책 수출의 중심적 견인차 역할을 하는 논픽션, 학습서 부문 도서를 지속적으로 발전시키는 데 긴요합니다. 예술적 기질이나 개성, 창의성을 요구하는 동화나 창작 그림책과 달리 논픽션 학습서는 '학습'의 내용이 되는 객관적, 과학적 사실에 대한 깊이 있는 지식이 필수적입니다. 논픽션 작가나 학습서를 기획하고 집필하는 필자는 특정 과목이나 분야의 전문인이어야 합니다. 그러나 출판, 수출은 가장 왕성하면서도 작가와 필자군은 가장 취약한 상태에 있는 것이 학습서 부문입니다. 동화나 그림책과 달리 작가를 양성하는 사교육의 장도 전무한 형편입니다. 수학, 사회, 물리, 화학, 미술, 음악, 역사, 생물 등. 이 모든 분야의 글 쓰는 법을 가르칠 수 있는 선생이 어디 있을까요. 여기에 어린이책 관련 학과의 필요성이 있습니다. 대학은 사회과학이나 자연과학, 인문과학 각 분야의 전공자들이 자신의 전문 지식을 아이들에게 쉽고 재미있게 전달할 수 있는 글쓰기를 효과적으로 배우고 훈련할 수 있는 곳입니다. 이런 교육 방식을 통해 출판계는 새로운 활로를 개척하고 대학은 산업계와 협력 관계를 맺으면서 각각 새로운 위상을 세워나갈 수 있는 길이 닦일 수 있을 것입니다.

평가의 현장

 어린이책을 만드는 것 못지않게 중요한 일이 그것을 평가하고 연구하는 일입니다. 시장에서 평가하는 것은 간단합니다. 판매 상황을 보면 되니까요. 하지만 문화적 산물로서의 책에 시장 논리 바깥의 가치 체계를 세우기 위해서는, 그 외의 다각적인 점검이 필요합니다. 이 점검과 평가의 방법에는 여러 가지가 있을 수 있겠지요. 그 중에서도 일반 독자 군에게는 상賞이, 전문 독자 군에게는 서평이나 연구논문이 가장 깊이 각인되는 평가 방식일 것입니다. 그러나 우리 어린이책에는 이 두 가지 평가의 장이 극히 제한적입니다.

 현재 우리 어린이책에 주어지는 상은 얼핏 보기에는 많은 듯하지만 대부분은 원고 공모전의 성격입니다. 주요 아동출판사들이 운영하는 아동문학상은 신인 등용문의 역할을 하고, 청소년문학상 역시 신인 등용문, 혹은 아동문학 작가의 장르 확대용 관문으로 기능합니다. 문제는, 이 기능 이외에 등단 이후의 작가, 중견 작가들의 기량을 확인하고 격려할 수 있는 상이 거의 없다는 것입니다. 일반문학에는 이상, 김동인, 김유정, 이효석, 김수영 등 주요 작가들의 이름을 붙인 수많은 상들이 있습니다. 일설에 의하면 그런 문학상이 400개가 넘는다는군요. 기성 작가들을 새롭게 자리매김하고 격려하면서 문학의 전통을 이어가는 자리가 그렇게 풍성합니다. 그러나 어린이책은 절망적일 정도로 초라한 상황입니다. 기쁘게 공모전의 상을 받고 부푼 마음으로 작품 활동에 들어간 어린이책 작가들은 자신을 비춰볼 거울도, 자리매김할

좌표도, 역사와의 연결고리도 받지 못합니다. 이들이 기댈 곳은 시장의 반응뿐입니다.

　연구의 장이 제한적인 것은 대학에 관련 학과가 없다는 점과 밀접한 관계에 있습니다. 현재 학진에 등재후보 이상의 학회지를 내는 어린이·청소년 문학 관련 학회는 한국어린이문학교육학회, 한국아동청소년문학학회, 동화와 번역연구소, 스토리앤이미지텔링연구소 정도입니다. 카프카 학회, 괴테 학회 등 작가별로 학회가 있는 일반 문학과 또 비교가 됩니다. 유아교육학과나 일반 외국어문학과가 주도하지 않는 아동문학학회는 거의 없습니다. 학과가 없으니 연구자가 나오기 힘들고 학회가 결성될 여건도 갖추어지지 않기 때문입니다. 교육대학이나 일반대학의 문학 관련 학과에서 간간이 배출되는 연구자들도 강의와 연구를 지속할 수 있는 형편이 아닙니다. 그들이 어린이책에 대한 담론을 펼칠 수 있는 학회지 이외의 매체도 드문 형편입니다. 일반 문학잡지는 수백 종에 이를 것으로 추정되는 반면 어린이책 관련 잡지는 출판사 사내보 형식의 작은 잡지를 합해도 여남은 종에 그칩니다. 그마저도 하나둘 폐간되는 실정이고요. 어린이책에 대한 담론이 활발하게 펼쳐지고 평가와 연구가 이루어질 수 있는 여지는 도무지 없어 보입니다.

　한국 도서 수출의 견인차 역할을 하는 어린이책이 만들어지고 평가받는 현장을 집중해서 들여다보니 이렇게 허전한 자리가 확인됩니다. 이 텅 빈 토대에서 어린이책이 이만큼 자라난 것이 놀랍기만 합니다. 그러나 이 자리를 그냥 이렇게 놓아두어서는, 머지않은 시일 내에 다른 부정적 국면에서 놀랄 일이 생길지도 모릅니다. 그런 일이 생기기 전에 이 빈 토대에 필요한 것들이 채워지기를, 그래서 어린이책이 계속 자랄 수 있는 자양분이 주어지기를 바랄 뿐입니다.

04
울타리를 넘어서 더 넓은 영토로[*]

차분하게 그러나 힘차게

2010년대 들어 예술계 가장 핫한 장르 중에서도 앞자리로 나선 그림책은, 2017년 한 해에도 굳건한 걸음을 계속했습니다. 볼로냐와 브라티슬라바에서의 수상은 소식이 안 들리는 게 이상할 정도로 의례적인 행사가 되었고, 해외도서전에서의 전시와 수출 성과도 괄목할 만한 것이었지요. 그런 성과와 별개로 국내에서의 출판 환경은 여전히 녹록치 않지만, 작가·출판인·연구자·향유 활동가 들은 걱정과 비관의 소리를 내는 대신 타개책을 적극적으로 찾아 나서기 시작했습니다. 설립 2년째를 맞는 그림책협회를 중심으로 그림책이라는 장르의 고유성을 확보하고, 독자 대상을 넓히며, 그림책이 다양한 문화 활동의 축으로

---

[*] 원주그림책도시에서 발행한 2018년 한국그림책연감의 해설원고입니다. 2017년 한 해 동안 나온 그림책을 일별했습니다.

쓰일 수 있도록 활발한 움직임을 보이고 있는 것입니다.

2010년대 초반의 놀라움과 흥분, 그에 비례한 위기감을 이제 차분히 가라앉히고 있는 그림책 계는 작품에 있어서도 보다 다양하면서도 깊이 있고 고른 성취도를 보여주고 있습니다. 그림책 한 권을 만드는 데 들어가는 시간과 노력에 비해 돌아오는 수입은 최저임금에나 미칠지 의심스러울 정도이지만, 그러는 가운데서도 작가들은 기적적으로 자신의 분신 같은 작품들을 꾸준히 내놓습니다. 작년보다 더 많은 작가들의 더 많은 책을 간추리면서, 점점 더 힘이 붙어가고 있는 우리 그림책을 새삼 뿌듯하게 확인하게 됩니다.

고양이랑 아빠랑

2017년 그림책을 일별하니 가장 두드러지게 눈에 띄는 특징이 두 가지 소재의 범람(?)입니다. 그 하나는 고양이, 다른 하나는 아빠라고 할 수 있을 것 같습니다. 2000년을 전후해서 동화 계에 '개판에 똥통'이라는 우스갯소리가 나돌 정도로 개와 똥 소재 이야기가 넘치던 때와 견줄 수 있을 듯하군요.

고양이 이야기 유행은 그림책이나 어린이책만의 현상은 아닌 것이, 소설이나 에세이, 웹툰 분야에서도 이 소재는 아주 흔히 찾아볼 수 있습니다. 특히 고양이를 싫어하거나 무서워했던 남자 작가들이 어떻게 고양이 때문에 삶의 자세가 달라졌는지를 토로하는 책들이 눈여겨볼

만합니다. 이것은 다만 소재 차원의 유행이 아니라 남성의 생물학적, 사회적 정체성 변화를 보여주는 의미 깊은 현상이기 때문입니다. 개에 비해 훨씬 독립적이면서 인간과 수평적인 관계에 있는 고양이, 개보다는 더 여성적인 특성을 갖고 있는 것으로 여겨지는 고양이를 남자들이 이해하고 아끼면서 삶의 동반자로 삼습니다. 그러면서 남자들이 개에게 기대하는 것 같은 복종이 아니라 더 상호교류적인 관계와 섬세한 애정을 쌓아가는 데 익숙해진다는 것입니다.

실제로 드높이 쌓인 아빠 소재 그림책들은 능력과 권위를 자랑하는 것이 아니라 보다 다정하고 따뜻하고 유연한, 때로는 유약할 정도로 인간적인 면모를 보여주는 아빠를 그리고 있습니다. 추위와 굶주림을 무릅쓰며 아기를 키워내는 펭귄 아빠(《사랑해, 아빠》)나 사람과 개와 고양이에게 쫓기면서도 목숨을 걸고 아이들 먹을거리를 챙겨오는 생쥐 아빠(《우리 아빠》)도 있지만 대부분 인간의 모습을 하고 있지요. 온전히 자기 혼자만의 모습을 찍기 위해 아무 방해도 받지 않(을 거라고 여기)는 산꼭대기까지 올라가는 아빠(《셀카가 뭐길래!》)는, 결국 셀카도 함께일 때 의미 있다는 것을 깨닫습니다. 코끼리로 변신해서 두 딸과 아내에게 달콤한 슈크림을 만들어주는 아빠(《슈리펀트 우리 아빠》), 고장 난 그네 고치고, 무서운 개 길들이고, 커다란 눈사람 뚝딱 만들어주고, 다친 아이 재빨리 약 발라주는 아빠(《우리 동네 왕팔뚝 아저씨》), 해적이나 악어에게서 문제없이 구해주지만 아이가 슬퍼서 울 때는 함께 울어주는 아빠(《아빠가 달려갈게!》)들은 다정하고 믿음직한 아빠의 고전적인 면과 함께 새로운 면모도 제시합니다. 입에 착착 감기는 흥겨운 판소리풍 글에 한 가장이 해수욕장에서 파도에 밀려나가 표류하다 (비만 복부가 만든 부력 덕분에) 구사일생 구조된 사연을 해학 넘치게 담은 《오과장 서해바다 표류기》는 아빠 이야기의 새로운 내용과 함께 새로운 방법도 제시하는 도드라진 성과라고 할 수 있을 것입니다.

아빠 이야기의 또 다른 소중한 성취는 아이와 아빠 사이에 더 깊고 따뜻한 공감대가 형성되면서 서로 성장하는 모습을 보여준다는 데 있습니다. 엄마 없는 시간을 막막해하면서 서로 눈치만 보던 아빠와 아이가 티격태격하다가 가까워지는 하루(《우리는 아빠와 딸》)가 있는가 하면, 빨강 날에도 회사에 가는 걸 보면 빨강을 좋아하는 모양이라고 짐짓 천진을 부리면서 빨강 아이템 선물을 준비하는 아이(《아빠 빨강》)도 있고, 얼굴 그리기 숙제로 아빠 얼굴을 샅샅이 들여다보고 상상하면서 아빠의 약점까지도 받아들이게 되는 아이(《아빠 얼굴》)도 있습니다. 아빠가 돈을 많이 벌면 좋겠지만, 매일 나랑 놀아주면 좋겠지만, 집 밖에서도 대장이면 좋겠지만, 척척박사면 좋겠지만, 그러지 않아도 나는 아빠가 좋다, 곁에 그냥 있기만 해도 좋다는 아이의 절절한 고백(《나는 아빠가》)에 이르면 아빠들도 아이들도 더 바랄 바가 없을 것 같습니다.

고양이(그리고 강아지) 소재의 책들은 사랑스럽고 평온한 것들도 있지만 삶의 어둡고 힘겨운 면을 조명하는 묵직한 이야기가 눈에 남습니다. 유기견을 입양했지만 키우기가 너무 힘들어 괴로워하는 가족(《유기견 영남이》), 어느 날 갑자기 교통섬에 버려진 채 그곳을 맴돌며 주인을 기다리는 개와 장애를 가진 채 떠돌아다니는 개의 만남(《점복이 깜정이》), 세상 떠난 고양이를 잊지 못해 환상 속으로 불러오는 아이(《우리가 헤어지는 날》)의 이야기들은 삶과 죽음, 만남과 헤어짐, 사랑과 원망 등 인생의 쉽지 않은 다면성을 펼쳐놓아 줍니다. 이런 이야기에서는 동물과의 관계에도 사람과의 관계 못지않은 책임이 있으며, 살아 있는 생명을 존중하고 연민을 가져야 한다는 주제를 꺼낼 수 있을 것입니다. 그러나 생생한 캐릭터를 좋은 글과 그림으로 살려내는 그림책은, 주제 이전에 이야기 자체에 몰입하고 캐릭터에 감정이 이입되면서 순간 완전히 다른 세계로 들어가 다른 삶을 살 수 있게 해줍니다. 화상 입어 장애를 갖게 된 병아리의 치열하고도 엄숙한 생존투쟁과 그를 응원하고 보살피는 한 가족의 이야기를 그린 《삐떼기》가 그 표본이라고 할 수 있을 것 같습니다. 힘 있는 스토리가 주는 깊은 감동, 그 스토리를 온전히 살려내는 가슴 벅찬 그림이 주는 울림을 함께 누릴 수 있는 그림책의 힘을 우리는 이런 책에서 봅니다.

《삐떼기》
글 권정생, 그림 김환영 / 창비

내 세계를 마음껏

그림책이 아동문학이나 유아문학의 울타리에서 벗어나면서, 작가들은 작아진 교복을 벗어버린 졸업생이 자기 개성을 살리는 옷을 자유롭게 입듯이 내용과 형식의 자유를 한껏 구가하고 있습니다. 시적이거나 초현실적이거나 실험적인 이미지들, 동물이나 아이가 아닌 어른으로만 구성된 캐릭터들, 생생한 죽음이나 공포 혹은 비루한 일상이나 현실도피적인 환상 들도 거침없이 피력됩니다. 수영강사인 성인 남성의 원형 탈모를 실마리 삼아 그의 벌거벗은 뒷모습, 겨드랑이 털, 맥주 마실 생각, 자기를 놀리는 아이들에 대한 분개 등등의 모티프로《중요한 문제》) 울타리 바깥의 영토를 넓혀나가는 조원희가 이 영역에서 가장 눈에 띄는 작가 중 하나입니다. 가뭄에 벌어지는 농부들의 원색적인 물싸움(《물싸움》), 세월호 아이들을 떠올리게 하는 죽은 영혼의 방문기《너였구나》의 작가 전미화도 빼놓을 수 없겠지요. 화가 윤석남의 글과 그림을 엮어 새로운 갈래의 그림책에세이《다정해서 다정한 다정 씨》를 기획, 디자인했던 한성옥은 함민복의 시에 큰 여백과 엇박자의 그림으로 여러 겹의 메아리가 울려 나오게 하는 시그림책《흔들린다》로 그 노선을 이어갑니다.

이 영역의 그림책 중 가장 강렬한 인상을 남기는 작품 중 하나가《에그맨》입니다. 착실한 직업인으로 공장에 꼬박꼬박 출근해 기계적으로 불량 달걀을 감별하던 사내의 손 안에, 어느 날 살아 있는 병아리가 잡힙니다.

《너였구나》
글·그림 전미화 / 문학동네

그 신선한 생기에 다시 태어난 듯 감동한 것도 잠시, 손이 자동으로 놀려져 병아리는 분쇄기 속으로 사라집니다. 그 충격에서 벗어나려 필사적으로 노력하던 그는 결국 달걀 모습으로 변하고 말지요. 체념한 듯 만족한 듯 알쏭달쏭한 웃음을 짓는 그의 얼굴이 마지막 장면입니다. 쉬운 해석과 결론을 거부하는 이 이야기는 거의 카프카적인 부조리를 전달하는 듯한데, 이런 진지하면서도 유희적인 도발이 반갑게 받아들여집니다.

가까이 더 가까이

한켠에서 작가들이 이렇게 견고한 자기 세계를 펼치고 있을 때, 바깥과의 소통을 더 원활하게 하려고 노력하는 분야도 있었습니다. 바로 논픽션입니다. 여기서는 기획, 자료수집, 다시쓰기라는 루트를 벗어나 전문적이면서도 개성적으로 작품을 만드는 작가들이 늘어가고 있습니다. '생태' 혹은 '환경'이라는 분류 제목을 앞에 두고 특정 동식물의 삶을 그리거나 환경문제를 던지고 해결책을 제시하는 이야기는 꾸준히 있어왔지만, 특히 2017년의 책들은 그것이 다루는 대상 그리고 그 이야기를 함께 나눌 독자들과의 소통 기법이 한결 다양해지고 생생해졌다는 특징을 보입니다.

《하늘 왜가리와 우리 왜가리》,《비비를 돌려줘!》,《미운 동고비 하야비》를 펴낸 권오준은 실화를 바탕으로 세심한 관찰과 적절한 캐릭

《잃어버린 갯벌 새만금》
글 우현옥, 사진 최영진 / 미래아이

터의 사용을 더해 논픽션에 볼륨 있는 스토리를 덧붙입니다. 《상추씨》나 《내가 태어난 숲》은 숲속의 여러 생명체나 상추의 한살이를 헝겊 바느질로 만들어 그려냄으로써 아주 따뜻하고 사랑스러운 정서를 자아냅니다. 《잃어버린 갯벌 새만금》과 《당산나무의 웃음소리》는 사진이 사용된 논픽션입니다. 사진작가들이 10년(새만금), 20년(섬진강변 천담마을) 넘게 찍어온 기록 사진들을 추리고 이어 붙여 스토리를 불어 넣은 이 책들은, 오랜 기간의 사진 기록이 갖는 생생한 현실감에 글이 주는 애틋하고 안타까운 감성이 더해져 더 각별해집니다.

그 외에도 픽션과 논픽션의 경계 짓기가 의미 없어 보일 만큼 다층적 정보와 정서, 의미와 재미를 함께 담아낸 《내 의자》, 《딜큐샤의 추억》, 《이 배를 타길 정말 잘했어》, 《공룡 엑스레이》, 《수박이 먹고 싶으면》 등을 기억할 만한 논픽션으로 들고 싶습니다.

관찰하고 그려내는 대상과 독자와의 거리를 좁히려는 노력뿐 아니라 지나간 시간을 되살리고 세대의 사이를 좁히려는 노력을 보이는 책들이 많은 것도 눈에 띄는 현상이었습니다. 이 책들이 소환하는 과거의 기억, 풍습은 처음 보는 전화기에서부터 연탄, 눈사람, 도시락, 엿, 방역차 등등 다양합니다. 불과 이삼십 년 전의 생활상이 옛이야기처럼 여겨질 정도로 격변하는 시대. 삶은 파편화되고 인간관계는 단절되어 사람들 사이의 공감대가 캄캄하게 사라지고 있다고 느껴질 때 등대처럼 그 공감대를 비춰줄 수 있는 것이 그림책이기 때문일까요. 글을 모르던 할머니들이 기역니은부터 배우기 시작해 만들어낸 그림책(《눈이 사뿐사뿐 오네》)과 초등학생 중학생 아이들이 자신들의 이야기를 털어놓은 그림책 (《책마을에 부엉이가 산대요》)들이 함께 나오기 시작하는 것을 보면 그런 진단을 내려도 괜찮을 듯합니다. 우리는 그림책에 좀 더 희망을 걸어도 좋지 않을까요.

05
그림책을 우뚝 세우는 사람들*

그림책 세상 사람들이 한자리에 모였습니다. 그림책을 쓰고, 그리고, 만들고, 연구하고, 권하고, 보여주고, 즐겨 보고, 단순히 책을 보는 일을 넘어 커뮤니티의 문화 활동으로 연계시키면서 누리는 사람들입니다. 〈그림책 우뚝 서다〉라는 컨퍼런스 주제가 아주 힘차 보입니다. 지금까지 제대로 서지 못했던 그림책, 후들거리는 다리로 안간힘을 쓰며 불어나는 몸집과 여물어가는 머리를 가까스로 지탱하고 있던 그림책이 이제 정말 달라지려는 걸까요.

1부에서 연구자와 작가들은 그림책의 과거에서 미래까지를 통시적으로 짚어 보거나 다른 장르와의 비교를 통해 그림책의 정체성을 우뚝 세워 보려고 합니다. 토미 웅거러 연구로 프랑스에서 학위를 받은 김시아 박사가 그림책이라는 이름을 파헤쳤습니다. 유럽에서 그림책은 영어권에서는 Picturebook(이 단어는 자동 맞춤법 검사에서 빨간 줄이

---

* 2018년 그림책협회 컨퍼런스 〈그림책 우뚝 서나〉에서 발표한 글입니다.

그어집니다. Picture book으로 띄어 써야 인정해줍니다. '그림책'이 아니라 '그림 책'인 것입니다.) 독일어권에서는 Bilderbuch(그나마 '그림책'입니다.), 프랑스어권에서는 livre d'image(이미지 책), album(앨범. 우리에게는 '사진첩'이라는 뉘앙스로 주로 읽힙니다. 낯설지요.)라는 용어로 불린다고 합니다.

현재 '그림책'은 그림이 많이 들어간 책, 글을 못 읽거나 서툰 어린 아이들을 위한 교재라는 뜻으로 주로 받아들여집니다. 이 장르의 책이 처음 나왔을 때는 물론 그랬지요. 그러나 그림책 자체의 성격, 만드는 사람들의 생각, 읽는 사람들의 범주가 완전히 달라진 지금의 상황을 이 단어는 충분히 담아내지 못하고 있습니다. 이 장르의 현황과 가능성을 너무나 제한적으로 가두고 있는 게 아닌지 고민스러운 지점입니다. 새로운 이름을 붙여주어야 할 것인가, 이 이름의 외연을 넓히고 내포를 깊게 알려주는 일에 힘을 쏟아야 할 것인가, 연구해 보아야 할 것입니다. '활동사진'이 '영화'로 변하고, 시네마토그라프, 필름 등의 다양한 용어가 거들어주는 영화계, '코믹'에서 '그래픽 노블'이 뻗어 나온 만화계 등의 사례를 들여다보고 응용해야 할 것 같습니다.

김시아 박사의 발표 중 '알범'의 어원, 유래에 대한 설명은 특히 흥미롭습니다. 알범이 '우정의 책Album amicorum'에서 나왔다는 것입니다. album과 같은 의미로 쓰이는 alba는 '하얗다'는 뜻이랍니다. 그러니까 하얀 우정의 책이라는 개념이 따라 나옵니다. 어떤 색깔, 어떤 가능성도 담을 수 있는 하얀 책, 글과 그림과 종이와 디자인이 사이좋게 어울리는 우정의 책. 이 장르와 정말 잘 어울리는 뉘앙스입니다.

조금 뜬금없이 앞으로 나가자면, 거의 모든 것이 자동화되고 기계화될 미래사회에서 인간적인 온기와 활기를 담을 수 있는 장르라고 말할 수도 있겠습니다. 이런 책에 적절한 이름을 정해주는 일이 아주 중요해 보입니다.

《하이드와 나》
글 · 그림 김지민 / 한솔수북

그림책 작가 김지민은 그림책의 책이라는 물성이 어떻게 다양하게 활용되며 변주 가능성을 가지고 있는지를 말합니다. 첫 책인 《하이드와 나》부터 종이를 접고 뚫고 오려내고 세우고 돌려세우는 등 파격적인 방식을 사용한 작가답게 새로운 시각으로 책을 규명하고 있지요. 그는 '내러티브 자체가 형식이 될 수 있다.'고 단언합니다. 말하자면 한 아이가 안으로, 밖으로, 쪼개서, 뒤에서 등등 여러 방향에서 자기를 들여다본다는 이야기가 종이를 그렇게 안으로, 밖으로, 쪼개서, 뒤에서 보도록 만드는 구조로 세운다는 뜻이겠지요. 그럼으로써 독자 역시 작가의 다양한 시각을 상징이나 유추가 아니라 실제 감각으로 따라가며 보고 느낄 수 있을 것입니다. 내러티브와 형식과 감상이 완벽하게 일치할 수 있도록 구축된 이 책이 우리 그림책의 미래 가능성을 크게 열어주는 한 계기가 되지 않을까 싶습니다.

정진호 작가는 건축가답게 그림책과 건축을 비교합니다. '미술관의 소장품, 건축가의 건축관, 건물의 재료와 외형이 모두 하나의 스토리를 이룬다.'는 말은 '그림책은 작가에게 주어진 땅에서 벌어지는 일련의 행위와 결과' 라는 정의로 이어집니다. 그러니까 작가에게 어떤 이야깃거리(소장품)가 주어집니다. 말하자면 교통사고를 당해 휠체어에 앉게 된 아이가 세상과 다시 연결된다, 하는 내용이겠지요. 작가는 왜 그 이야깃거리가 자신에게 주어졌는지, 그걸 통해 무슨 말을 하고 싶은지, 어떤 생각과 마음을 전달하고 싶은지를 고민합니다(건축관). 그 말을 제대로 전하기 위해서 이야기를 어떤 방식으로 풀어나갈까(재료와 외형)를 두고 씨름해야 하고요. 그렇게 해서 훌륭한 소장품을 가장 잘 보여줄 수 있는 훌륭한 미술관이라는 그림책이 지어지고, 독자는 관람객이 되어 미술관 안을 거닐게 됩니다. 좋은 관람객은 소장품에도 감탄하지만 미술관 건물 자체와 전람 방식도 감상의 대상에 넣습니다. 정진호 작가는 그림책 독자에게 메시지만 찾을 일이 아니라 메시지를 담아내기 위한 일련의 행위와 과정에 주목할 것을 청하는 듯합니다. '형태, 재질, 제본 방식, 종이를 넘기며 읽는 행위, 접고 펼치는 과정'까지도 감상의 대상이며 메시지 그 자체라고 설명하는 것 같습니다.

그러니 그림책에서 가장 주목받지 못했지만 앞으로 가장 중요하게 떠오를 요소는 종이책이라는 물성 자체의 특성이겠다 싶습니다. 일반 책들이 담고 있는 정보, 지식, 지혜, 감성은 실물 책이 아니라 전자책에서도 얼마든지 대부분 구현해낼 수 있는 요소입니다. 그러나 전자책이 도저히 줄 수 없는 것은 감각입니다. 만지고, 냄새 맡고, 깨물고, 쓰

다듬고, 넘기고, 안고 하는 일에서 느끼는 충족감은 인간이 생애 최초로 느끼고 희구하는 감각이며, 생애 마지막까지 갈구하는 감각입니다. 종이책 중에서도 그림책이야말로 인간이 그렇게 본원적으로 찾는 감각을 가장 풍성하게 부여해줄 수 있는 선물 같은 장르입니다. 그림책이 주목받고 더 널리 펼쳐져야 할 이유는 이것만으로도 충분하지 않을까요.

그림책이 이렇게 넓은 영토를 탐험하면서 새로운 지형도를 그려가는 데 비해 그것을 읽고 읽히고 연구하는 현장은 아직도 좁은 울타리 안에서 종종걸음을 치고 있는 형국입니다. 원래 감상과 연구, 문화적 향유는 창작 뒤에서 따라가는 것이 당연합니다. 하지만 현재 우리 그림책은 창작자들이 성큼성큼 앞서가는데 도서관이나 서점, 학교의 발길은 상당히 거리감이 있어 보입니다. 그 거리를 줄이기 위한 눈물겨운 노력이 오늘 토로되고 있으니 앞으로 큰 진전이 있기를 바랍니다.

어린이와 작은도서관협회 박소희 이사장은 어린이도서관의 오랜 운영 경험을 바탕으로 그림책이 도서관에서 차지하는 위상을 보고합니다. 그림책에 대한 인식 제고, 책 분류 방식 개선 등의 노력이 벽에 부딪쳐 주저앉는 과정이 안타깝습니다. 하지만 그러는 중에도 그림책을 좋아하는 사서들의 활약이 늘어나고 책을 매개로 벌어지는 문화 활동이 활발해지는 등 긍정적인 움직임이 보인다는 점이 반갑습니다. 무엇보다도 현재 공공도서관에서 가장 많은 대출량을 보이는 장르가 그림책이라는 점이 고무적입니다. 박이사장은 그림책이 도서관에서 제대로 자리 잡게 하기 위해서 인력 확보, 사서배출 교육 현장의 변화, 그림책 맞춤 공간이 있는 도서관 건립, 그림책 연구에 대한 지속적 지원 등의 대책을 제언합니다. 참 오래 전부터 각 분야에서 소리를 높이고 있는 항목입니다. 아마도 목이 쉴 때까지 같은 말을 되풀이 외쳐야 할 것 같습니다. 지치지 말고 될 때까지 계속 소리쳐야겠지요.

우리나라에서 유일한 시립 그림책도서관인 순천그림책도서관에는 또 다른 어려움이 있습니다. 그림책에 대한 도서관 관련 학문적, 실용적 연구가 너무 부족하다 보니 책을 어떤 분류체계로 비치해야 할지 지침이 될 만한 틀이 없다는 점이 고민스러운 것입니다. 나옥현 관장은 그 어려움을, 도서관 공간을 잘게 쪼개서 여러 층위의 분류체계로 만들어 책을 넣는 것으로 우선 해결한 현황을 보고합니다. 본관, 별관, 연구실이라는 공간이 각각의 특징을 지니고 다른 책 혹은 같은 책을 담아냅니다. 본관에서는 한국 책과 외국 책이 나뉘고, 작가 이름과 책 제목으로 책을 찾을 수 있게 했습니다. 똥, 마녀 위니 시리즈 같은 테마별 분류도 되어 있습니다. 별관에서는 십진법 분류로 책을 나누고, 지금까지 순천그림책도서관에서 전시회를 가졌던 작가의 책을 볼 수 있게 했습니다. 연구실의 책은 다시 나라별 작가별로 나뉘고, 희귀본과 큰 책·팝업 북 같은 특이 형태의 책이 수장되어 있습니다. 공간뿐 아니라 시간도 다양한 분류체계 실험의 토대로 들어갑니다. 본관의 책들은 초기에는 작가 가나다 순서로 분류되었다가 1년 후 책 이름 가나다 순서로 분류됩니다. 다음해에는 책 이름과 열 개의 주제에 의한 분류, 이듬해에는 책 이름, 작가, 주제, 상황 별 분류가 대두됩니다.

이렇게 글로 설명해 놓으니 좀 정신이 없습니다. 실제로 가서 보면 좀 더 선명하게 그림이 그려지겠지요. 순천그림책도서관은 이용자들이 책을 쉽게 찾을 수 있도록, 자신도 몰랐던 분야의 책을 새로 발견할 수 있도록, 가능한 많은 사람들이 다양한 분야의 그림책을 읽을 수 있도록 하는 데 목표를 두고 끊임없이 가능성을 모색하며 실험을 하고 있는 듯합니다. 이 실험에 다른 분야 사람들도 머리를 맞대고 생각을 모으면 좋겠습니다.

여기에 생각을 보태는 발표자가 차정인 작가입니다. 1부에서 작가들이 강조한, 책 자체의 물성이 특성화된 책들을 보유하고 있는 외국 도서관의 사례를 보여주고 있지요. 그림책은 전자책에 흡수되지 않을 책 고유의 힘을 가장 많이 가지고 있는 장르이니, 이 장르의 특성을 잘 살려줄 수 있는 소장품을 모으고 그것을 가장 효과적으로 보여줄 수 있는 전시 공간과 전시 방식을 마련하는 데 좋은 참고가 될 듯합니다. 책으로 이루는 종합예술이면서 다른 어떤 장르의 책보다 입체적이고 감각적이며, 그러면서 따뜻하고 인간적인 그림책을 어떻게 하면 독자들과 제대로 만나게 할 수 있을까요. 최근 여러 지방정부에서 한 지역을 대표하는 문화시설로 그림책과 관련된 미술관 박물관 도서관을 세우는 계획이 진행 중이거나 검토 중인 것으로 알고 있습니다. 부디 그 지역의 담당자들이 이 점을 가장 중요하게 여기면서 신중하게 일을 진행해 나갔으면 하는 바람입니다.

마지막으로 인터넷 서점에서 그림책의 위치입니다. 그림책 관계자들이 갖고 있던 가장 절실한 목표 중 하나가 인터넷 서점에 그림책이라는 분류 체계가 상위로 올라가는 것입니다. 현재 그림책은 '어린이 항목' 중에서도 '유아'라는 하위 갈래로 들어가 있습니다. 분야 목록에 그림책이라는 단어 자체를 찾아볼 수 없는 인터넷 서점도 있습니다. 그림책이 유아용 매체라는 인식을 고착시키는 체계입니다. 이러니 철학과 심리와 미학의 층위가 아이보다는 어른에게 더 적당한 그림책은 갈 곳이 없습니다. 그런 책들이 갈수록 더 많이 나오고 찾는 독자들도 늘어나는데 말이지요. 박소희 이사장이 도서관의 분류체계에서 특정 그림책이 어느 코너로 들어가는지, 그래서 얼마나 헤매면서 찾아야 하는지를 보여주었는데, 도서관 분류체계를 따르는 게 아니라 독자의 선택 단위를 가장 편리하고 흥미롭게 만들려고 노력하는 인터넷 서점도 사정은 매한가지인 것입니다. 발표자인 미디어창비의 김길한 과장은 그런 현황을 낱낱이 보고하면서, 그림책 항목을 상위 카테고리로 넣기 위한 제안의 방향과 방법을 꼼꼼하게 일러줍니다. 그리고 실제로 한 인터넷 서점에서는 그 제안이 수락되었다는 고무적인 소식을 전합니다. '다른 분야 대비 그림책 분야의 매출 상승'이 큰 요인으로 작용한 것 같다지요. 그림책이라는 큰 카테고리를 어떤 영역으로 나누어 독자에게 책을 알리고 권할지에 대해서는 아직 신중한 논의와 연구가 필요하겠지만 곧 그 하위 체계도 마련되고, 이런 분류가 다른 인터넷 서점으로도 확산될 수 있을 것이라고 기대합니다.

그림책은 도서관에서 가장 대출이 많이 됩니다. 인터넷 서점의 매출량도 다른 분야에 비해 큰 상승세를 보입니다. 우리 작가들이 해외 그림책 관련 상도 많이 받습니다. 해외 수출 도서의 상당 비중을 그림책이 차지합니다. 그림책을 활용한 문화 활동이 전국적으로 들불처럼 번지고 있습니다. 좋은 작가와 눈 밝고 가슴 따뜻한 독자들이 많아진다는 뜻이겠지요. 그림책이 제 이름을 찾고, 현재 상황에서의 좌표를 제대로 잡고, 미래의 가능성을 더 활짝 여는 일에 이런 힘들이 모이고 있습니다. 그리고 드디어 그림책이 우뚝 서도록 일으켜 세울 것입니다.

[똑, 똑 그림책]

그림책이 못할 말은 없다

그림책은 아이들에게 무엇을 말해줄 수 있을까요? 대부분의 어른 독자 혹은 책을 사는 부모나 교사들은 이 점을 가장 궁금해할 것 같습니다. 이 질문이 통상적인 교육 혹은 교훈에 대한 질문은 아닐 것입니다. 서점에서 그림책을 한 권 한 권 공들여 고르는 어른들은 그림책이 그냥 학습용 교재가 아님을 잘 알 테니까요. 아이들이 배우고 느끼며 성장하는 데 있어서 그림책들이 어떤 차원에서 기여할 수 있는지가 너무나 넓은 지평으로 열려 있다는 것을 잘 알 테니까요. 그 넓은 지평을 좀 다양하게 살펴볼까 합니다. 다음의 그림책들은 좋은 글과 그림, 구성으로 미학적 성취를 이루었다는 점 외에도 뚜렷이 구별되는 몇 가지 대답을 해주는 것 같습니다.

《장수탕 선녀님》에서는 '상상력을 키워준다'는 미덕을 우선 찾을 수 있습니다. 옛이야기 속의 선녀가 '파파할머니'가 되도록 동네 목욕탕에 살면서 아이와 끝내주는 목욕탕 놀이를 함께한다는 설정은, 아이들에게는 일상적으로 스치는 상상일 것입니다. 어렸을 때 그 비슷한 상상을 해보지 않은 사람이 있을까요. 하지만 대부분의 사람에게는 잠깐의 허황한 공상 같은 생각이 어떤 사람에게는 예술의 씨앗이 됩니다. 이 작가는 그 잠깐의 생각을 수십 년 후에 드디어 작품으로 완성해서 빛나는 성과를 보였습니다. 어른들이 아이들 책에서 으레 기대하는 '상상력을 키운다'는 명제를 온전하고도 철저히 실현해 보인 셈입니다. 그뿐인가요, 발가벗은 여자들의 당당한 형상화는 몸과 성에 대한 자연스럽고 건강한 인식을 이끌어냅니다. 경이로울 정도로 세밀하고 생생한 유토油土 인형들은 장인정신이 무엇인지를 잘 알려줍니다.

《엄마 마중》
글 이태준, 그림 김동성 / 보림

《엄마 마중》은 '어울림'을 보여줍니다. 이 책에서는 1930년대 글과 2000년대 그림, 무심한 어른과 애절한 아이, 무채색 현실과 색색의 환상이 어우러집니다. 독일의 대표적인 어린이책 상인 독일 아동청소년문학상은 자국 도서뿐 아니라 외국 번역서도 포함시키는데, 《엄마 마중》이 최종 후보에 오른 적이 있었습니다. 1930년대 우리 옛날 풍경이 현재 독일의 아이들에게 주목받을 정도로 세계적인 공감을 얻은 것입니다. 그림책이 세대와 시대와 국경을 자유롭게 넘나들 수 있는 매체라는 것이 확인됩니다. 이런저런 해설을 제쳐놓더라도, 이 코끝이 찡해질 정도로 사랑스러운 아이의 캐릭터를 보세요! 서울역사박물관 앞의 전차 모형을 보면 늘 아쉽기 그지없습니다. 그 앞에 '엄마 마중'을 나온 이 아이의 모형이 오도카니 서 있다면 얼마나 좋을까 싶어서입니다. 생명력 있는 그림책의 캐릭터가 다양한 세대와 문화의 어울림에 더 적극적으로 활용되기를 바라는 마음입니다.

권윤덕 작가는 어렵고 아픈 역사의 비극에 정면으로 도전하는 그림책에 집중하는 작가입니다. 《꽃할머니》는 일본군 위안부 이야기를, 《나무 도장》은 제주 4.3사건을 다루고 있습니다. '위안부 이야기나 집단 살육 이야기를 그림책으로? 아이들에게? 어디서부터 어디까지, 어떤 방식으로 이 이야기를 해줄 수 있다는 거지? 쉽지 않을 텐데…'라고 생각할 것입니다. 쉽지 않은 정도가 아니라 고통스러운 작업입니다. 그러나 이 작가는 끈질기게 해냅니다. 진행형인 역사에 대한 책임감의 본보기를 보이는 것입니다. '그림책을 보는 아이들에게 못할 말은 없다, 얼마나 진심으로 간절하게 하느냐가 문제이다'가 이 작품들의 전언입니다.

《나무 도장》
글 · 그림 권윤덕 / 평화를품은책

III

세계로 나간 우리 그림책

1 세계의 그림책 상
2 세계적 약진, 그 이후
3 그림책, 다시 보자
4 그림책, 위로를 건네다
5 린드그렌과 백희나 그리고 조앤 롤링
[똑, 똑 그림책] 야생화의 고군분투

01
세계의 그림책 상

국내 그림책 상은 없지만

우리나라 그림책들은 최근 십여 년 사이에 세계의 그림책 상을 다수 수상했습니다. 2000년대 들어서 이런저런 성과가 있었지만, 아마 가장 큰 주목을 받은 수상 소식은 2011년 BIB(브라티슬라바 일러스트레이션 비엔날레)였을 것입니다. 조은영, 유주연 두 젊은 신진작가의 책이 그랑프리와 황금사과 상을 휩쓸었다는 소식이 신문마다 올라왔습니다. 당시 문체부장관은 작가들과 BIB 출품 한국 주관단체인 KBBY 관계자들을 만나 격려하기도 했지요. 어떤 세대에게는 체코슬로바키아라는 이름이 더 익숙한, 90년대 초 체코와 분리된 슬로바키아라는 작은 나라의 수도 브라티슬라바는 덕분에 우리에게 제법 알려지게 되었습니다.

그리고 2015년, 세계에서 가장 큰 규모의 어린이도서전인 볼로냐국제아동도서전에서 볼로냐라가치 상의 특별한 수상 소식이 들려왔습니다. 총 나싯 개 부문에서 여섯 권의 한국 그림책이 상을 받았다는 것입니다. 역시 언론은 떠들썩했습니다. 문체부장관의 치하는 없었지만 인터뷰와 좌담과 기획기사가 줄을 이었습니다. '그림책이란 어떤 특징을 가지고 있는 장르인가', '한국 그림책의 저력이 어디에서 나오는가', '현 상황은 어떤가' 등등에 대한 분석과 토로가 활발했습니다. 수상 소식은 잠시 잔치 분위기를 선사했지만, 이후에 나온 의견들은 그렇지 않았습니다. 성과는 있으나 기반은 빈약하고 전망은 어둡다는 의견이 지배적이었지요. 우리나라의 그림책이 예술로 가는 길 가운데 있다는 사실의 확인은, 반가우면서도 안타까웠습니다. 예술성 높은 해외 영화제 수상작이 그 예술성 때문에 장사가 안 된다는 이유로 쉬쉬하면서 개봉된다는 소리를 들을 때의 안타까움과 비슷하다고 할까요. 기쁨의 환성보다는, 수상은 수상일 뿐 독자들과의 교감에는 별 영향을 미치지 못하는 행사로 그치는 것은 아닐까 하는 우려의 한숨이 더 많이 들려오는 것 같았습니다.

하지만 그러면서도 그림책에 대한 어떤 단단한 결의 같은 것들도 일었습니다. 모처럼 볼로냐에서 날아온 불씨로 지펴진 그림책에 대한 열기가 높아질 수 있도록 힘이 모아져야 한다는 소리가 높아졌습니다. 그림책은 한 나라의 문화수준을 가장 간명하게 보여주면서 예술교육의 토대 역할을 하는 매체라는 인식이 더 넓게 퍼졌으면 좋겠다는 바람, 그림책을 아동문학의 하위 갈래가 아니라 하나의 독립된 예술장르로 규정하여 그에 걸맞은 사회적 인식을 넓히고 제도적 지원을 촉구하려는 움직임이 꿈틀거렸습니다. 그림책협회 창립, 원주 그림책도시 선정, 순천 그림책도서관 설립 등이 그 앞뒤의 움직임일 것입니다.

2016년에도 그림책과 관계된 뜻깊은 소식이 있었습니다. 국제 한스 크리스티안 안데르센 상의 일러스트 부문에서 이수지 작가가 최종 후보 5인에 올랐다는 것이었습니다. 안데르센 상에 최종 후보로 선정된 사실은, 때마침 한국이 주빈국으로 참여한 파리도서전 행사와 맞물려 남다른 주목을 받았습니다. 작가 행사에서 백오십여 명의 어린 독자들이 자리를 가득 메운 채 이수지 작가와 당찬 대화를 나누는 장면은 도서전 하이라이트 중의 하나였습니다.

이런저런 상의 수상 여부가 작품이나 작가의 성과와 수준을 판단하는 절대 기준은 아니지만 긍정적 기능이 많은 데는 의심의 여지가 없습니다. 특히 우리 그림책의 세계적 상 수상과 후보 선정은, 장르로서의 토대가 거의 없다시피 한 그림책 계를 충분히 고무시켜준 현상이며 실제적인 자극이 된 것도 사실입니다. 우리 그림책 작가들이 이만한 역량을 갖추게 되기까지는 1990년대 후반부터 쏟아져 들어온 외국 그림책의 영향이 크다는 것이 중론입니다. 그런 그림책들을 모두 살펴볼 수는 없으나 특정 그림책과 작가들에 각별한 조명을 비춘 다양한 그림책 상의 성격을 잠깐씩 들여다보며 정리하는 일이 필요합니다. 사실, 우리 그림책이 해외에서 눈부신 활약상을 보이는 데 반해 국내에서의 인정은 너무나 인색합니다. 출판사 공모전이 몇 개 있을 뿐, 역사성이나 공공성이 확보된 그림책 상이 전무하다시피 하니까요. 이런 발언들이 모여 그림책 계에 새로운 활력이 될 국내 그림책 상이 차제에 활발하게 제정되기를 기대해봅니다.

칼데콧 상

ALA(American Libray Association 미국도서관협회)의 어린이책 분과에서 제정한 그림책 상입니다. 아동청소년 책 부문에는 뉴베리 상이 있습니다. 영국 일러스트레이터인 랜돌프 칼데콧과 역시 영국의 출판인인 뉴베리를 기념하는 상이지만 미국 작가만 대상으로 합니다. 우리에게 잘 알려진 그림책의 고전이라고 할 만한 책들 중에 칼데콧 상 수상작들이 많습니다. 1938년에 시작되어 80년에 이르는 세월 동안 《아기 오리들한테 길을 비켜 주세요》, 《작은 집 이야기》 같은 40년대 책에서부터, 《마들린느의 멋진 새 친구》, 《나무는 좋다》, 《눈 오는 날》, 《괴물들이 사는 나라》, 《실베스터와 요술 조약돌》, 《모기는 왜 귓가에서 앵앵거릴까》, 《부엉이와 보름달》, 《이상한 화요일》, 《이건 내 모자가 아니야》 등등 익숙한 제목들의 책이 많습니다. 해마다 최종 심사에 오른 책 서너 권에 주는 '아너 상' 수상작까지 합하면 우리는 그야말로 칼데콧 상 세례를 받으면서 그림책을 접했다고 해도 과언이 아닐 것입니다. 우리 그림책 창고가 그득해서인지 1990년대 후반의 수상작부터는 예전 같은 스포트라이트를 받지 못합니다.

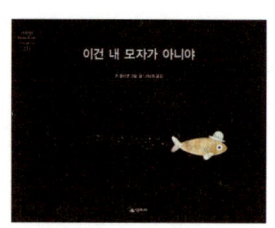

《이건 내 모자가 아니야》
글·그림 존 클라센 / 시공주니어

아스트리드 린드그렌 추모 상(Astrid Lindgren Memorial Award)

린드그렌이 세상을 떠난 바로 그 해인 2002년 스웨덴 정부가 제정한 상입니다. 앞글자만 따서 알마상이라고 부르기도 합니다. '린드그렌의 정신 안에서 높은 수준의 성취를 이룬' 작가, 일러스트레이터, 스토리텔러, 독서운동가(혹은 단체)가 대상이지요. 우리 돈으로 6억 원이 넘는 500만 크로나라는 총 상금 덕분에 '어린이문학 부문에서 첫 번째, 전 세계 문학상에서 두세 번째로 부유한 상'이라는 평을 받습니다. 모리스 센닥, 뇌스틀링어, 숀 탠, 필립 풀만 같은 작가 외에 팔레스타인의 커뮤니티교육 센터, 베네수엘라의 책은행, 남아프리카공화국의 대안교육 연구프로젝트 등이 수상했습니다. 스웨덴 공주가 참석해서 일주일 동안 축제 같은 시상식을 여는 등 정부 차원의 지원이 막강합니다. 역사가 쌓이면 명실공히 어린이책의 노벨상으로 불릴 수 있을 것입니다. 이 상은 각 국가의 공인된 어린이책 관련 단체에서 후보를 추천합니다. 우리나라에서는 주로 KBBY가 위원회를 꾸려 추천 후보를 선정하고 추천 작업을 진행합니다. 2014년에는 그림책 작가 백희나, 2016년에는 그림책 작가 권윤덕, 2018년에는 독서운동가 이주영이 후보였습니다.*

---

* 2020년 백희나 작가가 알마 상 수상자로 선정되었습니다. 아무도 예상하지 못했던 일이라 다들 얼떨떨했지요. 백희나의 수상에 대해서는 따로 쓰인 글이 있습니다.

케이트 그린어웨이 상

영국의 어린이책 일러스트에 중대한 영향을 미친 작가인 케이트 그린어웨이를 기념하여 1955년 제정되었습니다. 매년 영국의 어린이책 일러스트에서 뛰어난 성취를 보인 작가에게 수여합니다. 헬렌 옥슨버리, 존 버닝햄, 로렌 차일드, 찰스 키핑, 마이클 포어맨, 퀜틴 블레이크, 앤서니 브라운, 레이먼드 브릭스, 셜리 휴즈 같은 작가들이 역대 수상자들이지요. 그림책뿐만 아니라 아동청소년 책에 들어간 일러스트, 영국 이외의 작가도 심사 대상에 포함되는 것이 이 상의 특징입니다. 꼭 당대의 텍스트만 고집하는 것이 아니어서 헬렌 옥슨버리는 《이상한 나라의 앨리스》, 크리스 리델은 《걸리버 여행기》 같은 고전 타이틀의 일러스트로 수상했고, 미국 작가인 존 클라센도 상을 받았습니다. 클라센은 《이건 내 모자가 아니야》로 2013년 미국의 칼데콧 상과 2014년 영국의 그린어웨이 상을 함께 받는 진기록을 세우기도 했지요. 수상자는 금메달과 함께 오천 파운드의 상금을 받고, 오백 파운드어치의 책을 자신이 지정하는 도서관에 보낼 수 있답니다. 이렇게 바람직한 시상 제도는 십분 본받을 만합니다.

BIB(브라티슬라바 일러스트레이션 비엔날레)

1967년부터 격년제로 열리는 일러스트 축제입니다. 상을 일컫는 다른 이름이 딱히 없어서 그냥 BIB 상으로 불리고 있습니다. 이 상은 유네스코, IBBY, 슬로바키아 문화부의 지원을 받습니다. '이런 종류의 세계적 행사 중 가장 규모가 큰 비상업적non-commercial 이벤트'라는 평이 있지요. '비상업적'이라서 그런지 사실 BIB 수상작들이 대중의 관심을 받으면서 베스트셀러가 되는 예는 별로 없습니다. 1991년부터는 BAB(브라티슬라바 애니메이션 비엔날레)가 덧붙여졌습니다. 어린이를 위한 예술을 발전시키고 그 스펙트럼을 넓히는 것, 전 세계의 일러스트레이터들이 전문가들에게 자신의 작품 세계를 선보일 기회를 주는 것, 슬로바키아와 해외의 교류를 진작시키는 것을 목표로 삼습니다. 이런 목표와 '비상업적 이벤트'라는 모토가 말해주듯이 수상작들은 대중적으로 인기 있는 책이라기보다는 작가의 개성과 예술세계가 뚜렷이 드러나는 작품이라고 할 수 있습니다. 그랑프리, 황금사과 상, 황금패 상, 어린이심사위원 상 등이 있습니다. 슬로바키아의 대표적 일러스트레이터인 두산 칼라이를 비롯, 에릭 바튀, 클라우스 엔지카트, 니콜라이 포포프 같은 수상자 이름이 낯익은 편입니다. 주로 폴란드, 체코, 슬로바키아, 핀란드, 독일, 프랑스 등 유럽 국가들이 강세를 보인 가운데 일본은 그랑프리를 3회 수상해 눈에 띕니다. 참고로, 한국의 역대 수상작들을 소개합니다.

연도	책제목	저자	출판사	상 명칭
1989	사막의 공룡	타지마 신지 / 강우현	한림출판사	황금패
2005	새가 되고 싶어	한병호	시공주니어	황금사과

2007	영이의 비닐우산	윤동재 / 김제홍	창비	어린이 심사위원
2011	달려 토토	조은영	보림	그랑프리
	어느 날	유주연	보림	황금사과
2013	코끼리아저씨와 100개의 물방울	노인경	문학동네어린이	황금사과
	양철곰	이기훈	리젬	어린이 심사위원
2015	플라스틱 섬	이명애	상출판사	황금패
2017	하이드와 나	김지민	한솔수북	황금사과
2019	세상 끝까지 펼쳐지는 치마	명수정	글로연	황금사과

볼로냐라가치 상

1966년부터 볼로냐국제아동도서전에서 제정된 상입니다. 볼로냐국제아동도서전에 스탠드를 설치한 출판사의 책에 출품 자격이 주어집니다. '그래픽-편집graphic-editorial 측면에서 가장 뛰어난 작품'에 수여됩니다. 픽션, 논픽션, 뉴 호라이즌(북미와 유럽을 제외한 나머지 대륙 국가), 오페라 프리마(생애 첫 책), 북스앤시즈(환경 관련) 분야에 이어 2017년에는 '예술, 건축과 디자인' 부문이 신설되었지요. 각 부문마다 그랑프리 격인 '위너'와, 위너 자리를 두고 겨룬 서너 권의 최종 후보를 일컫는 '스페셜 멘션'을 수여합니다. 우리나라에서는 '대상'과 '우수상'으로 알려져 있지요. 거의 전 세계에서 출간되는 어린이책의 저작권 탐색이 이루어지는 현장인 만큼 상업적인 성격이 큽니다. '이 상은 하나의 출판 상을 넘어서 국제적 마켓에서의 저작권 판매 기회를 위한 주요 사업key business을 제공한다'는 주최 측의 선언이 의미심장하지요. 역대 한국 수상작들이 꽤 많습니다.

연도	책제목	저자	출판사	상 명칭
2004	팥죽할멈과 호랑이	조호상 / 윤미숙	웅진닷컴	픽션 우수상
2004	지하철이 달려온다	신동준	초방책방	논픽션 우수상
2006	마법에 걸린 병	고경숙	재미마주	픽션 우수상
2009	미술관에서 만난 수학	마중물 / 김윤주	여원미디어	논픽션 우수상
2010	돌로 지은 절 석굴암	김미혜 / 최미란	웅진씽크빅	논픽션 우수상
2011	마음의 집	김희경 / 이보나 흐밀레예프스카	창비	논픽션 대상
2011	거짓말 같은 이야기	강경수	시공주니어	논픽션 우수상
2012	그리미의 하얀 캔버스	이현주	상출판사	오페라프리마 우수상
2013	눈	이보나 흐밀레예프스카	창비	픽션 대상
2014	먼지아이	정유미	컬쳐플랫폼	뉴호라이즌 대상
2014	털	김수영	썸북스	오페라프리마 우수상
2015	나의 작은 인형 상자	정유미	컬쳐플랫폼	픽션 우수상
2015	담	지경애	반달	픽션 우수상
2015	민들레는 민들레	김장성 / 오현경	이야기꽃	논픽션 우수상

2015	떼루떼루	박연철	시공주니어	뉴호라이즌 우수상
	위를 봐요	정진호	은나팔	오페라프리마 우수상
	세상에서 가장 큰 케이크	안영은 / 김성희	주니어김영사	북스앤시즈 우수상
2017	이빨 사냥꾼	조원희	이야기꽃	픽션 우수상
	나무, 춤춘다	배유정	반달	뉴호라이즌 우수상
2018	너는 누굴까	안효림	반달	오페라프리마 우수상
	벽	정진호	비룡소	예술, 건축과 디자인 우수상
2019	사과나무밭 달님	권정생 / 윤미숙	창비	픽션 우수상
2020	삼거리 양복점	안재선	웅진주니어	오페라프리마 우수상

한스 크리스티안 안데르센 상

IBBY(국제아동청소년도서협의회)에서 격년으로 수상하는 상입니다. IBBY의 80여 회원국에서 글 작가, 그림 작가 부문에 한 사람씩 후보 추천을 받아 수상자를 결정합니다. 1956년 글 작가로 시작해 1966년 그림 작가가 추가되었지요. '전체 작품이 어린이책에 지속적인 공헌을 한 작가'라는 엄격한 선정 기준이 적용됩니다. 그런 기준과 함께, 에리히 캐스트너, 아스트리드 린드그렌, 크리스티네 뇌스틀링어, 모리스 센닥, 토미 웅거러, 볼프 에를브루흐 등 쟁쟁한 수상자 면면이 이 상을 어린이책 분야에서 가장 권위 있는 상 중 하나로 자리 잡게 했습니다. 후보로 선정되었다는 것만으로도 상당한 영예로 간주되기도 합니다. KBBY에서는 안데르센 위원회를 꾸려 진지한 연구와 토론, 각계 전문가들의 의견 취합 끝에 후보를 선정하고, 그들의 작품과 작품에 대한 리뷰들, 작가 자료 등을 정리하고 번역하는 지난한 작업 끝에 후보 추천을 완료합니다.* 글 작가는 최소한 다섯 작품을 일정 분량 번역해야 하기 때문에 후보를 내기가 불가능에 가깝습니다. 그동안의 한국 후보 작가들입니다.

2012. 홍성찬 황선미
2014. 한병호 김진경
2016. 이수지
2020. 이억배 이금이

---

* IBBY(국제아동청소년도서협의회)에 내는 후보 추천 비용이 만만치 않습니다. 모든 작품과 서류를 영어로 제출해야 하기 때문에 번역료도 상당합니다. 해당 작가와 출판사들의 도움도 있고, 안데르센위원회, 번역위원회 위원들의 희생적인 봉사와 노력이 있어서 명맥을 유지해왔지만, 여러 사정으로 2018년에는 후보를 내지 못했습니다.

02
세계적 약진, 그 이후[*]

해외 진출이 활발하다?

우리나라 그림책의 세계적 진출이 거론되는 것은 어제오늘의 일이 아닐 것입니다. 90년대 후반 IMF의 충격으로 출판계는 물론이거니와 산업계 전반이 침체되어 있을 때 유독 아동도서 분야는 성장세였고, 그 힘이 2000년대를 전례 없는 아동문학 약진의 시기로 만들었다는 것에는 이론의 여지가 별로 없습니다. 이 약진의 앞자리는 동화가 맡고 그림책은 뒤를 따르는 양상이었는데, 2000년대 들어서는 그 거리가 좁혀집니다. 특히 2004년 볼로냐국제아동도서전에서 《팥죽할멈과 호랑이》와 《지하철은 달려온다》가 라가치 상을 받은 것은 한국 그림책이 세계로 진출하는 일의 신호탄이자 도화선으로 봐도 무리가 없을 것입니다. 그 이후에도 볼로냐와 브라티슬라바에서 우리나라 그림책의 수

---

[*] 2015년에 한국문학번역원이 주최한 어린이책 수출 토론회 원고입니다.

상 소식은 다반사로 들려오고 있습니다.

이렇게 화려하게 드러난 세계로의 진출 외에도 전집류 그림책의 수출도 꾸준히 이루어지고 있었습니다. 규모상으로 보자면 전집류 그림책의 수출은 단행본 수출과 비교도 할 수 없을 정도로 큽니다. '여원미디어' 한 곳에서만도 세계 40여개 국가에 400권의 저작권을 수출하면서 2011년부터 2014년 사이에 멕시코와 브라질 초등학교에 부교재용 도서 132만 부를 수출했다는 보고가 그 규모를 단적으로 보여주고 있습니다. 전집 그림책은 주로 학습용 교재로서의 성격이 강한 것으로 여겨지고 있지만, 최근에는 단순한 정보의 전달뿐 아니라 자연과학, 사회과학, 인문학의 내용을 철학적이고 문학적인 스토리와 미학적인 그림으로 담아내는 새로운 지평의 책으로 세계 시장을 공략하고 있지요.

2010년대 중반으로 접어든 이즈음 어린이책은 우리나라 수출 도서의 절반 이상을 차지하고 있는 것으로 조사되고 있습니다. 2014년에 나온 한국출판연구소의 통계에 의하면 '2013년 도서 저작권 수출은 815종으로 최근 5년 사이 최저 실적을 보인 2013년에 비해 22퍼센트 증가했다'고 합니다. 분야별로는 아동서(전집·그림책·학습 관련서)가 503종(62%)으로 가장 많고, 만화 114종(14%), 문학 108종(13%) 순서라는군요. 한국출판연구소의 연구 결과이기는 하지만, 7개 에이전시만을 대상으로 조사한 것이니, 이 조사에서 빠진 에이전시와 출판사를 감안하면 아마 아동도서의 비중은 더 커지지 않을까 싶습니다.

이 발제에서는 통계적인 조사와 분석을 조직적으로 수행한 결과를 보여드릴 수는 없을 것 같습니다. 우리나라 도서의 해외 수출 현황을 한국출판문화산업진흥원, 한국문학번역원, 대한출판문화협회, 한국콘텐츠진흥원 등에서 부분적으로 조사하고는 있지만 통합된 자료로서의 역할이 제대로 될 것 같지는 않습니다. 그중에서도 아동도서, 그중에서도 그림책의 수출 현황을 따로 살펴보기는 더욱 어렵겠지요. 몇몇 조사 결과를 바탕으로 전집이나 학습물을 제외한 단행본 그림책들이 어떻게 해외로 진출했는지를 장님 코끼리 만지듯 더듬어보기로 하겠습니다.

어떤 책들이 어떤 나라로 진출하나?

앞서 밝혔듯이 어떤 책이 어디로 수출되었는지를 통계적으로 알 수 있는 자료는 나와 있지 않습니다. 단편적으로 찾을 수 있는 자료들을 더듬어볼 수밖에 없습니다. 2013년 한국문학번역원에서 조사한 그림책 수출 통계표입니다.

단위 : USD

연도	종수	국가	선인세
2005	1	중국	없음
2008	29	중국 대만 프랑스 브라질 일본 태국 폴란드 멕시코	193,000
2009	48	중국 대만 프랑스 브라질 태국	304,000
2010	29	중국 대만 프랑스 브라질 일본 스페인 아르헨티나	128,000
2011	47	중국 대만 프랑스 브라질 일본 베트남 이란 아르헨티나	17,000

| 2012 | 45 | 중국 대만 프랑스 브라질 일본 몽골 싱가포르 인도네시아 폴란드 | 139,000 |

  이 통계는 주로 한국문학번역원에서 번역과 출판을 지원하는 그림책과 동화책에 대한 조사 자료입니다. 지엽적인 통계이지만, 몇 가지 흥미로운 시사점은 발견할 수 있습니다. 주요 수출국가의 양상입니다. 우리가 주로 책을 사오는 미국, 영국 같은 영어권 국가에서는 우리 책에 전혀 흥미를 보이지 않습니다. 프랑스를 제외한 서구권도 그렇습니다. 그에 비해 중국, 대만, 일본 같은 이웃 국가들의 관심은 높습니다. 익히 알고 있는 사실이지만, 통계 자료로 확인하니 새삼스럽습니다. 한국문학번역원은 상업적 측면보다는 문화적 측면에서 한국과 외국의 출판사나 번역자에게 신청을 받아 번역과 출판을 지원하고 있으니 이 표는 문화적 흐름을 파악하는 자료로 더 유용할 듯합니다.

  특기할 만한 곳은 브라질, 아르헨티나, 멕시코 같은 남미권입니다. 아동도서 분야에 남미 국가의 비중이 높아지고 있는 이유 중 하나로 전집 출판사들의 수출 호조를 들 수 있습니다. 만약 창작 그림책이 해외 수출의 길을 좀 더 적극적으로, 전략적으로 모색하고자 한다면 수출되는 전집들의 특성, 현지에서의 수용 양상 등에 대한 분석이 그 유용한 토대 역할을 할 수 있지 않을까 싶습니다.

  한북대학교(현재 신한대학교)의 김민화 교수는 독자적 연구로 1998년부터 2012년까지 수출된 아동도서들을 조사 분석한 결과를 내놓았습니다. 20개 출판사를 대상으로 자료를 받아서 총 25개국에 총 255건의

도서가 수출되었다는 결과를 얻었습니다.* 수출 국가는 네덜란드, 노르웨이, 뉴질랜드, 대만, 독일, 멕시코, 미국, 베트남, 벨기에, 브라질, 스웨덴, 스위스, 스페인, 아일랜드, 영국, 이탈리아, 일본, 중국, 캐나다, 태국, 폴란드, 프랑스, 핀란드, 호주, 홍콩 입니다. 한국문학번역원의 자료와 달리 서구권 국가도 골고루 분포되어 있어서 한국 어린이책이 상당히 세계에 고르게 수출된 것처럼 보입니다. 그러나 내용을 살펴보면 단 한 권씩 나간 경우가 대부분이라 낙관적 평가는 할 수가 없습니다. 주요 수출 국가는 역시 중국, 대만, 일본, 프랑스 정도입니다.

이 결과에서 그림책의 비중은 67.5퍼센트로 나타났습니다. 어느 국가로 몇 종의 책이 수출되었는지, 책들의 내용은 어떻게 분류되는지도 꼼꼼히 조사되어 있습니다. 이 자료는 김민화 교수의 허락 아래 KBBY 홈페이지에 게시되었고 자유롭게 내려받을 수 있도록 되어 있습니다. 조사 대상이 그림책이 아니라 아동도서 전반이었기 때문에 그림책에 관한 세밀한 분석은 되어 있지 않지만, 어떤 책이 수출되었는지 제목을 확인할 수 있습니다. 조사 대상을 그림책으로 한정하고, 어느 책이 어떤 나라들로 나갔는지, 그곳에서 어떻게 수용되었는지까지 꼼꼼히 살펴볼 수 있는 후속 연구가 나오기를 기대합니다.

---

* 자료 요청에 답을 보내온 출판사의 자료로 연구 대상이 한정되어 있습니다.(20개 출판사 - 국민서관, 길벗어린이, 느림보, 문학과지성사, 문학동네, 바람의 아이들, 보리, 보림, 삼성당, 샘터사, 소년한길, 아지북스, 양철북, 우리교육, 책읽는 곰, 토토북, 파란자전거, 푸른책들, 한림출판사, 한솔수북)

새로운 문화적 동력이 필요한 때

 앞에 인용한 통계뿐 아니라 최근 몇 년 사이의 도서 저작권 수출 자료에서는 언제나 어린이책이 70퍼센트 가까운 점유율을 보여줍니다. 해외로 나가는 책 세 권 중 두 권이 아동도서인 셈입니다. 그중에서도 그림책의 비중은 또 70퍼센트 정도를 차지한다고 볼 수 있습니다. 성과라면 눈부신 성과입니다. 그러나 정작 이 성과가 글 작가나 그림 작가, 편집자 같은 그림책 분야에 종사하는 많은 사람들에게 긍정적인 파장을 미치고 있는 것 같지는 않습니다. 다른 요인들도 많이 작용하겠지만, 그 책들 대부분이 학습이나 오락 측면에서 기획된 논픽션이나 만화, 정보그림책이며 몇몇 대형 출판사의 시리즈나 전집 형태로 짜여 있다는 이유가 클 것입니다. 물론 이런 기획력과 양적인 성취도 우리 어린이책이 이루는 발전의 한 부분으로 소중합니다. 다만 이 발전이 어린이책 작가에 대한 인지도를 높이고, 그들이 꾸준히 후속 작품을 내면서 자신들의 작품 세계를 정립하는 데 도움이 되는 방향으로 전개되었으면 하고 바랍니다. 자부심과 열정으로 자기 작품 세계를 세워나가는 작가 없이는 어떤 학습물도 기획물도 성공적으로 나오지 않을 테니까요.

 우리 어린이책이 활황세를 보이던 1990년대 말에서 2000년대 초 사이는 저작권 수출은 생각할 겨를도 없이 수입에 여념이 없던 때였습니다. 그런데 수출이 활성화되는 것처럼 보이는 지금, 국내 출판 동향은 오히려 그 시대보다 시장도 작가도 훨씬 위축된, 아이러니한 상황이 되어 버렸습니다. 발행되는 책도 줄어들고 힘 있는 문제작이나 작가도 등장하지 않으면서 학습 기획물의 약진이 대표적 성과로 대두되니 문제라고 여기는 시각들이 많습니다. 이런 상황을 넘어서기 위해서는 저작권 수출을 단지 비즈니스적인 성과뿐 아니라 새로운 문화적 동력으로 연결시키려는 노력이 필요할 것입니다.

이 노력의 가장 기본적인 사항이, 지금까지 수출된 책들에 대한 정확한 통계 자료를 만드는 일입니다. 대한출판문화협회, 한국출판연구소, 한국출판문화산업진흥원, 한국문학번역원, 한국콘텐츠진흥원 등의 기관에서 자료를 만들고 있지만 전체를 아우르는 통계가 나오고 있는 것 같지는 않습니다. 장르별, 국가별 수출 양상을 정확하게 집계해서 어떤 책이 어느 나라에 얼마나 수출되었는지를 파악할 수 있게 해주는 데이터베이스는 우리 그림책에 대한 해외의 반응을 파악하고 수출 전략을 세우는 데 유용한 자료가 될 수 있는 만큼, 각 기관들의 자료를 취합 정리하는 작업이 있어야 할 것입니다.

《구름빵》
지은이 백희나 / 한솔수북

전체적인 데이터베이스의 통계적 분석이 이미 출판된 책을 해외에 소개하는 데 길잡이 역할을 해줄 수 있다면, 내용적 분석은 책의 기획이나 창작 모티프를 제공하는 데 도움이 될 수 있습니다. 김민화 교수의 연구에 따르면 가장 많은 국가로 수출된 그림책은 11개국으로 나간 《엄마를 잠깐 잃어 버렸어요》와 7개국으로 나간 《구름빵》입니다. 《엄마를 잠깐 잃어 버렸어요》는 한국 출판사와 외국 작가의 합작으로 만든 책을 세계로 수출한 경우이며, 《구름빵》은 전집 속에 들어 있던 그림책이 단행본

《엄마를 잠깐 잃어버렸어요》
글·그림 크리스 호튼 / 보림

으로 다시 출시되어 수출 및 멀티유즈가 가능해진 경우입니다. 이 두 책의 어떤 점이 세계 여러 나라의 독자들에게 호소력을 갖게 된 것일까요? 세계적 보편성과 한국적 개성이 도서 수출의 관건이라고 한다면 그것을 충족시키는 요인들이 다른 그림책에 비해 어떻게 두드러지게 표현이 되어 있을까요? 통계적 분석의 바탕 위에 이런 비평적 분석이 세워져야 할 것입니다. 이것은 단순한 비지니스적 전략만이 아니라 작가가 자신의 세계관과 가치관을 끊임없이 재점검하고, 창작 동기의 지평을 넓히고, 예상 독자와의 커뮤니케이션을 심화시키는 일에 이바지할 수 있는 계기로서 중요한 일입니다.

언어나 문화나 인종, 이데올로기의 경계를 넘어서 문화 콘텐츠를 함께 향유할 수 있는 여지는 어린이들의 영토에 훨씬 넓게 열려 있습니다. 〈해리 포터〉 시리즈가 '어린이책'의 성격을 띠지 않았다면 그토록 세계적인 지지를 받을 수 있었을까요? 그 책은 세계인의 열광을 해리 포터에서만 그치게 하지 않고 영국의 문학과 문화 전반에 관한 관

심과 이해로 돌려놓았습니다. 런던 올림픽의 개막 공연만 하더라도, 그 안에는 영국의 아동문학에서 가져온 많은 모티프들이 알게 모르게 스며들어 있는 것을 볼 수 있었습니다. 영국은 스스로를 '피터 팬의 나라', '해리 포터의 나라'로 알리는 것이었습니다. 굳이 이런 예를 들지 않더라도, 어린이책이 한 사람의 눈을 세계로 열어주고 연결시키는 데 중요한 교두보 역할을 한다는 것은 새삼스레 강조할 필요도 없는 사실입니다. 그중에서도 번역이라는 난관 없이 비교적 즉각적이고 감각적인 소통이 가능한 그림책은 가장 앞자리에 설 수 있습니다. 출판정책을 세우는 기관의 인식도 이와 다르지 않아 보입니다.

이 원장은 무엇보다 해외 아동독자부터 공략해야 한다는 점을 지적했다. "중장기적으로는 한국적인 문화와 정서를 담은 책을 해외에 보급해 세계의 어린이들이 어릴 적부터 친숙해지도록 해야 합니다. 어른들이 어릴 적 《플루타르크 영웅전》·《파브르 곤충기》를 보고 컸듯이 아동출판물이나 영어·수학 교과서까지 개발해 보급한다는 목표입니다. 그 후에 성인 출판물 시장도 본격적으로 열릴 것으로 봅니다."

이재호 한국출판문화산업진흥원장 인터뷰-〈서울경제 2013년 8월 9일자〉

그 중요성에 대한 인식은 이토록 높아 보이지만, 실제로 아동도서를 해외로 수출하는 일에 대해 시장적 접근 외의 구체적 관심과 연구와 전략은 찾기가 힘듭니다. 학계와 출판계의 힘이 합해져 좀 더 보완된 자료로 세밀한 분석이 이루어진다면 출판 기획과 창작 분야 모두에 의미 있는 이정표가 되어줄 수 있을 것입니다. 신경숙의 《엄마를 부탁해》가 해외에 소개되어 붐을 일으킨 후 한국문학에 대한 외국의 관심도가 부쩍 높아졌듯이, 그림책의 활발한 소개가 한국 어린이책 전반에 대한 관심으로 이행될 수 있을 것입니다. 그러나 《엄마를 부탁해》의 세계적 성공이 한순간의 행운이 아니라 몇 단계의 필요조건이 있었던 것처럼 그림책 쪽에서도 예비적인 과정이 있어야 합니다. 《엄마를 부탁해》는 우선 국내에서 큰 성공을 거두었고, 한 에이전시가 지속적으로 수출 전략을 세웠습니다. 작가 자신도 그 이전에 여러 다른 책들을 해외에 소개하며 국제적인 감각을 익힐 수 있었다는 점을 생각해야 합니다. 우리에게도 그 전조는 보입니다. 그림책의 수출 증가세도 그렇고, 볼로냐와 브라티슬라바에서 거둔 성과, 외국 일러스트레이터가 한국에서 책을 내는 경우, 한국 일러스트레이터가 외국에서 책을 내는 경우 들이 그렇습니다. 젊은 그림책 작가들이 포트폴리오를 들고 볼로냐국제아동도서전에 가서 자신의 작품을 보이면서 외국 출판사와 직접 출판계약을 맺는 일들도 늘어나고 있습니다. 우리 그림책은 못자리의 어린 벼처럼 세계를 향해 자라기 시작하고 있습니다. 그것이 풍성한 수확으로 이어지기까지, 농부의 손길 같은 보살핌이 각계에서 필요합니다.

03
그림책, 다시 보자

2015년 설날, 이탈리아의 볼로냐에서 기쁜 소식이 날아들었습니다. 볼로냐국제아동도서전에서 제정한 볼로냐라가치 상에 우리나라 그림책이 대거 입상했다는 소식이었습니다. 모두 다섯 개 부문에서 여섯 종의 작품이 골고루 상을 받은 것입니다.* 세계 거의 모든 그림책의 현황을 가늠할 수 있는 도서전에서 예술성이 뛰어나다고 여겨지는 책에게 수여되는 이 상을 2004년에 처음 받으면서 우리는 우리 그림책도 세계적 수준에 올랐다는 자신감을 가질 수 있었습니다. 그 이후 수상 소식이 드물지 않게 들려오기는 했지만 모든 부문에서 상을 받기는 한

---

* 볼로냐라가치 상에 '아동문학의 노벨상'이라는 비유가 붙는 경우가 있습니다. 하지만 이 비유는 약간 초점이 빗나가 있습니다. 라가치 상은 노벨상처럼 자기 세계를 굳건히 세운 대가들에게 주는 것이 아닙니다. 오히려 과감하고 독창적인 기법과 밀도 높은 자기표현을 보여주는 신선한 작품들이 주목을 받는 경우가 더 많지요. 예술적 성취도가 중요한 라가치 상을 대거 수상했다는 것은, 한국의 작가들이나 출판사들이 그림책을 보는 눈과 만드는 솜씨가 교육적, 계몽적 차원을 뛰어넘고 있다는 사실을 입증해줍니다. 자기 세계관과 예술관이 뚜렷한 작가나 편집자들이 세운 작은 출판사에서 나온 수상작이 드물지 않은 현상도 그렇습니다.

국 그림책 역사상 처음 있는 일입니다.

라가치 상은 픽션, 논픽션, 뉴호라이즌, 오페라프리마, 북스앤시즈 이렇게 다섯 부문으로 나뉘어 있습니다. 픽션은 흔히 말하는 창작그림책, 논픽션은 정보그림책 정도로 이해할 수 있겠습니다. 뉴호라이즌은 북미와 유럽을 제외한 남미, 아시아, 아프리카쪽 그림책을 위한 부문입니다. 오페라프리마는 신진작가의 첫 작품이 대상이니까, 영화제나 스포츠시상식의 신인상 격이라고 할 수 있겠지요. 2015년 신설된 북스앤시즈는 환경, 농업, 유기농, 생물다양성, 음식, 기아 등의 주제를 다룬 책을 대상으로 합니다.* 이 모든 부문에 각각 위너(winner 대상으로 번역)로 한 권의 책이 선정되고, 대상 자리를 겨룬 3~5권의 책은 스페셜 멘션(special mention 우수상 혹은 관심작으로 번역)으로 언급됩니다. 이번에 한국이 받은 상은 모두 스페셜 멘션입니다. 대상과 스페셜 멘션을 합쳐 전 부문에 스물네 권의 책이 선정되었는데, 그 중에 여섯 권을 받았으니 사분의 일을 가져온 것입니다. 프랑스가 여섯 권을 받아, 우리나라와 프랑스, 두 나라가 절반을 싹쓸이한 셈이 됐습니다. 세계 마흔여덟 개국에서 출품된 1,000여권의 책에서 이렇게 선정됐으니 대단한 성과가 아닐 수 없지요.

픽션 부문에서는《나의 작은 인형 상자》와《담》이 선정됐습니다.《나의 작은 인형 상자》는 애니메이션으로 먼저 만들어진 뒤 그림책으로 재탄생한 책입니다. 흑백의 촘촘한 연필 그림이 인형을 앞세워 한 여자아이의 마음 깊은 곳으로 독자를 데려가는 내용이지요. 어둡고 무

---

* 2017년에는 예술·건축 디자인 부문이 신설되었습니다.

서울 수도 있는 이야기가 묘하게 매혹적이어서 숨죽인 채 페이지를 넘기게 됩니다. 심사위원들은 '대단히 아름다운 그림이, 두려움과 대면하여 자기를 찾아가는 불편한 진실로 독자를 데려간다'는 평을 했습니다. 《담》은 엄마를 기다리는 한 아이에게 놀이터며 낙서할 수 있는 도화지가 되어주고, '레미파 레미파 노래하는 손가락'이 되기도 하고, 새들에게 '지친 날개 쉬어 가는 쉼터'가 되기도 하는 풍경을 보여줍니다. 담은 '우리 엄마 기다리는 등대'라는 장면은 참 따뜻하고 아름답습니다. '담이 친구가 되어 홀로 엄마를 기다리는 아이에게 안정감을 준다. 고요하지만 광활한 그림이 감성 충만한 시적 공간을 만든다'는 심사평이 따랐지요.

논픽션 부문에서는 《민들레는 민들레》가 상을 받았습니다. 제목에서 드러나듯이 민들레의 일생에 대해 알려주는 내용입니다. 그러나 단순히 자연과학적 사실을 나열하는 것이 아닙니다. 간결하고 담담한 글에는 민들레의 일생에 대한 시적 진실 같은 것이 담겨 있고, 사실적인 그림에서는 부드럽고 애잔한 감성이 번집니다. 이 글과 그림이 독자를 민들레와 충분히 동화시켜줄 듯합니다. 심사위원들은 시적인 짧은 글과 그림의 효과적인 여백을 언급하면서 이 책이 척박한 환경에서도 힘껏 살아가는 작은 생명들의 아름다움을 드러내준다고 말합니다.

뉴호라이즌 상을 받은 《떼루떼루》는 장인정신이 돋보이는 책입니다. 전통 민속인형극 꼭두각시놀음에서 소재를 가져왔는데, 작가는 꼬박 1년 동안 직접 나무를 깎고, 염색을 하고, 바느질을 하고, 사진을 찍었다고 합니다. '구성, 색채, 질감, 밸런스 등에 세심한 공을 들여 연극적인 미장센을 만들어냈다'는 평을 받았지요. 오페라프리마 부문의 《위를 봐요》는 사고로 다리를 잃고 움직일 수 없게 된 아이가 아파트 높은 층 베란다에서 아래를 내려다보는 장면으로만 된 구성이 대담합니다. 정수리만 보이던 사람들이 "위를 봐요!"라는 아이의 말에 하나둘 얼굴을 들고, 마지막에는 '모두'의 얼굴이 드러나는 과정이 감동적입니다. 심사평도 '담백하면서도 감동적인 내러티브'였지요. 북스앤시즈 부문 수상작 《세상에서 가장 큰 케이크》는 레오나르도 다 빈치가 공작의 결혼식장을 케이크로 지으려 했다는 일화를 그려냈습니다. 케이크 결혼식장은 실물로 완성되지는 않았지만 그림책으로 완성된 셈입니다. 수학과 요리가 버무려진 이 기발한 건축이 유머러스한 글과 깔끔하면서도 화려한 그림으로 구현되는 과정이 아주 유쾌합니다. '다빈치 시대의 요리 과학을 상상력 넘치는 그림으로 그리면서 역사적 사건을 재구성한 야심작'이라는 평을 받았습니다.

이런 대단한 성과를 올렸지만, 지금 우리 그림책 계의 현실과 전망은 어둡고 우울합니다. 글머리에 수상의 기쁨과 자신감이 '아주 잠깐' 몰려왔다고 말한 이유가 그것입니다. 뚜렷하고 독창적인 예술관을 가진 이런 젊은 그림책 작가들이 우리에게는 정말 많지만, 그림책은 너무나 안 팔립니다. 도서 시장 전체가 급격히 위

《세상에서 가장 큰 케이크》
글 안영은, 그림 김성희 /
주니어김영사

축되는 현실 속에서도 특히 그림책의 설 자리는 더욱 좁아지고 있습니다. 이번 라가치 수상작들도 볼로냐에서 인정받듯이 우리 독자에게 인정받을까, 생각하면 고개가 쉽게 끄덕여지지 않습니다. 작가들이 계속해서 그림책을 만들어내기 위해서는 독자들의 호응이 있어야 합니다. 무엇보다도 그림책은 어린 아이들만을 위한 교육 매체라는 인식이 바뀌어야 합니다.

  그림책은 종합예술매체입니다. 서로 긴밀하게 연결된 글과 그림 안에서 의식과 이성, 무의식과 감성이 한데 모여 인간을 전인적으로 자극하고 발전시킬 수 있는 독특한 장르이지요. 그림책은 논리적인 사고와 섬세한 감정과 열린 시각을 얻을 수 있게 해줍니다. 글자를 모르는 아주 어린 아이들부터 나이 들어 눈이 침침해지고 기억력이 흐릿해진 노인들까지 말이에요. 전 연령층에 적용되는 그림책의 심리적 치유 기능도 여기저기서 이야기되고 있습니다. 이번 기회에 그림책에 대한 눈길이 새로워졌으면 좋겠습니다. 그림책이 얼마나 폭넓고 깊이 있는 예술장르인지 확인시킬 기회가 많아졌으면 좋겠습니다. 우리가 일상에서 가장 손쉽고 친근하게 접할 수 있는 예술품이 바로 그림책입니다. 접하는 데서 그치는 게 아니라 창작으로 이끌어가기에 가장 좋은 예술장르도 그림책입니다. 짧은 글과 서툰 그림이라도 자기 이야기를 만들어내서 한 권의 책을 탄생시킨 뒤 감격하는 사람들도 얼마든지 찾아볼 수 있습니다. 문화 융성은 그림책 융성에서 시작할 일입니다. 그림책, 이제부터 다시 보아야 합니다.

04
그림책, 위로를 건네다[*]

볼로냐국제아동도서전은 2015년으로 50주년을 맞았습니다. 전 세계 어린이책이 교류되면서 그 흐름과 전망이 파악되는 현장이지요. 한동안 열심히 다른 나라 책을 사기만 하던 우리나라는 2000년대 중반부터 라가치 상 수상, 올해의 일러스트레이터 선정 같은 화제적 이벤트의 중심으로 진입하면서, 이제 세계가 주목하는 그림책의 나라로 자리매김되는 중입니다. 특히 2015년에는 라가치 상 전 부문에 여섯 권의 수상작이 나오면서 세계적으로 주목의 대상이 되고 있지요.

대한출판문화협회는 해마다 볼로냐국제아동도서전에 한국관을 운영합니다. 이 한국관에서는 많은 출판사들의 다양한 동화책과 그림책들을 만날 수 있습니다. 하지만 한국관 바깥에서 우리나라 책을 만나는 일도 어렵지 않았습니다. 십여 명의 젊은 일러스트레이터들은 공

---

[*] 2015년 볼로냐국제아동도서전 한국 그림책 전시관을 운영한 뒤 몇몇 매체에 기고한 후기를 모아서 정리했습니다.

동으로 경비를 부담해서 용감하게 단독 부스를 내고 기획 단계에 있는 자신들의 그림책을 전시했습니다. 한국출판문화산업진흥원에서는 주로 영미권 출판사들이 들어 있는 전시관에 전자출판 공동부스와 그림책 전시부스를 마련했습니다. KBBY는 그림책 전시관 운영을 맡아 '그림책 위로를 건네다'라는 테마를 정했습니다. 나라 안팎으로 팍팍한 일투성이라 따뜻하고 촉촉한 그림책이 사람들 마음의 생채기를 조금이라도 어루만져주기를 바라는 심정이었지요. 테마에 맞는 그림책 서른한 권을 선정하고 준비를 끝마칠 즈음 라가치 상 전 부문 수상 소식이 들려왔습니다. 상 받은 책들도 당연히 함께 전시해야 했습니다. 시간은 다됐는데 일거리가 갑자기 늘어 허둥대면서도 얼마나 기쁘고 뿌듯했는지요. KBBY 회장단과 운영위원들 여섯 명은 오픈 하루 전날 전시관으로 총출동해서 한국관 그림책 부스를 직접 꾸몄습니다. 전시 진행비에 운영자 파견 비용은 포함되어 있지 않아 모두 자기 돈을 쓰는 참이었습니다. 그저 한국 그림책이 거둔 성과가 기뻐서, 처음 볼로냐에 우리 그림책을 제대로 풍성하게 보여줄 기회가 생겼다는 게 고마워서 무거운 책 상자를 옮기고 사다리에 올라가 벽면을 꾸미는 일도 힘든 줄 몰랐지요.

볼로냐국제아동도서전 전시장 전체에서 가장 활기를 띠었던 곳은 전자출판관으로 보였습니다. 우리 그림책 전시관이 전자출판관 바로 옆이었는데, 약 스무 개의 공동 부스 옆에 마련된 널찍한 디지털 카페에서는 늘 북적이는 프레젠테이션이 진행됐고, 청중석에서는 박수가 쏟아졌습니다. 나는 한국의 전자출판 공동부스를 자주 기웃거리면서 참가자들과 이야기를 나누어보았습니다. 올해 처음 참여했다는 '아이 포트폴리오'의 이종환 부사장은 볼로냐의 활기와 가능성을 확신하고 있었습니다. 영국 옥스퍼드 출판사와 함께 '스핀들 북스'라는 플랫폼을 운영하는 그는 전자책의 영역과 역할에 대한 견해가 뚜렷했습니다. 종이책보다 더 큰 효용을 낼 수 있는 전자책 분야는 제한되어 있다는 것, 교과서나 여행서처럼 전자책의 가치를 극대화할 수 있는 분야에 집중하겠다는 것이 그의 생각이었습니다. "문제는 e-북이 아니라 북이죠" 하고 그는 말합니다. 책을 읽지 않는 사회에서는 전자책의 자리도 좁다는 것입니다. 제주대학교에서 컴퓨터교육과 스토리텔링교육을 함께 담당하는 김한일 교수는 전시된 우리 그림책에 매료되어 고맙게도 거의 스태프처럼 부스에 머물면서 이런저런 일을 거들며 책을 보곤 했습니다. 그 역시 이종환 부사장처럼 종이책의 중요성을 강조했습니다. 전자책 분야가 처음에는 기술개발에 치중했지만 이제는 콘텐츠에 눈을 돌리고 있다고 그는 설명합니다. 종이책이 기술의 내용을 채워줄 콘텐츠 역할을 해야 한다는 것이지요. 그 콘텐츠들의 구현 방식과 전달 통로를 다양화하고 효율화하는 일에 여러 힘이 모아져야 할 것이라고 그는 강조했습니다.

라가치 상 수상작들을 중심으로 한 행사들도 한국 그림책 전시관에서 열렸습니다. 수상작가인《나의 작은 인형 상자》의 정유미와《민들레는 민들레》의 오현경 그림 작가의 사인회가 있었지요. 외국 출판사들과 에이전시들의 저작권 상담 요청도 이어졌습니다. 프랑스 갈리마르 출판사에서는 박연철의《떼루떼루》, 독일 피셔에서 지경애의《담》

에 대해 물어왔지요. 그 외에도 유럽과 남미의 여러 출판사에서 깊은 관심을 보이면서 자료를 요청했습니다. 우리는 책에 대한 문의를 받으면 한국의 해당 출판사에게 정보를 전달해주면서 연락을 하고 자료를 보내라고 연결해주었습니다. 캐나다 에이전시인 라이츠 팩토리에서 온 리디아 모에드는 '한국 그림책이 세계 최고'라며 엄지를 추켜보이기도 했습니다. 이런 현상에 고무된 한국출판문화산업진흥원에서는 이후 본격적으로 해외 도서전에 우리 그림책 전시관을 설치하면서 저작권 담당자를 상주시키기로 하며 적극적 행보를 시작합니다.

사업적 측면도 그렇지만, 그림책 작가와 평론가 위주로 구성된 KBBY 운영진들에게는 일반 독자들이나 작가들과의 만남이 정말 소중한 시간이었습니다. 모두들 책은 물론이고 '위로를 건네는 그림책 31'이라는 타이틀이 붙은 도록에 열광적인 반응을 보여주었습니다. 준비해간 도록 400권이 첫날부터 동날 기세였지요. 아끼고 아꼈건만 둘째날 그예 바닥이 났습니다. 그러자 전시가 이틀이나 남았는데도 책을 팔라는 성화가 이어졌습니다. 로마에서 왔다는 한 여학생은 책을 전시 마지막 날 판다는 말에 울상이었습니다. 둘째날이었는데, 그날 오후에 집으로 가는 기차를 타야 한다는 것이었어요. 책을 두 세트 가져왔으니 한 권 정도는 미리 줘도 되지 않을까, 하며 마음 약해진 우리가 슬그머니 건네준 《담》을 끌어안고 그녀

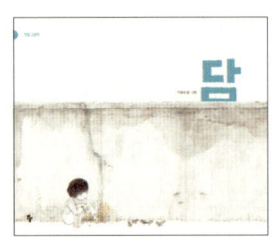

《담》
글·그림 지경애 / 반달

는 몹시도 행복해했습니다. 착실하게 마지막 날 다시 온 누군가는 점 찍어 놓은《장수탕 선녀님》이 모두 팔렸다는 것을 알고 발을 동동 굴렀습니다. 자기가 본 중 가장 통쾌한 그림책이었는데, 어떻게 구할 길은 없겠냐며 아쉬워했지요. 주소라도 받아 뒀다가 한 권 보내줄 걸, 밀려드는 사람들 때문에 그녀를 그냥 보낸 일이 두고두고 후회가 됩니다.

영국에서 왔다는 하얀 수염의 멋진 노신사는 그런 점에서 때를 잘 골랐던 것 같았습니다. 비교적 한가한 시간에 방문한 그는 아예 우리 데스크에 자리를 잡고 앉아 이 책 저 책 꼼꼼하게 뒤적거렸습니다. 그러고는《엄마 마중》영문판이 있는지를 물었습니다. 특이하게도 그림 속의 옛 건축물들을 흥미로워했던 그는, 알고 보니 케임브리지에 사업체가 있는 건축가였습니다. 건축가 출신인 정진호의《위를 봐요!》를 추천하자 그는 다시 자리에 앉아 도서관 모드로 돌아갔습니다. 은발과 하얀 스카프의 조화 덕분이었을까, 유난히 정갈한 인상의 이탈리아 그림책 작가가《숲으로 간 코끼리》를 읽고 난 뒤 울음을 터뜨리던 모습은 잊을 수가 없습니다. 울다가 웃다가 하면서 책을 번역해 들려준 신혜은 교수를 껴안는 그녀에게서 '그림책 위로를 건네다' 라는 명제가 온전히 살아나는 순간이었습니다. 그 광경을 지켜보는 다른 사람들도 코끝이

《숲으로 간 코끼리》
글·그림 하재경 / 보림

시큰해졌습니다. 이런 즉각적이고도 깊은 반응을 이끌어내는 것이 그림책의 가장 큰 힘이 아닐까요. 어려운 조건 아래에서도 그림책을 만들고, 연구하고, 읽기를 권하는 사람들을 계속 앞으로 나아가게 만드는 힘이 아닐까요. 전 세계인이 우리 그림책을 보며 울고 웃으면서 위로받고 치유받는 이런 마법의 순간을 바라며 우리는 그림책을 껴안고 계속 발걸음을 옮깁니다. 타박타박.

05
린드그렌과 백희나 그리고 조앤 롤링

아스트리드 린드그렌이라는 이름은 낯설어도 《삐삐 롱스타킹》이라는 이름을 모르는 사람은 별로 없습니다. 하지만 삐삐는 그저 유명한 캐릭터로만 받아들여질 뿐, 아동문학사에서 어떤 의미가 있는지를 잘 아는 사람도 별로 없습니다. 부모 없이 혼자 살고, 보육원으로 데려가려는 경찰을 가볍게 지붕 위로 집어던지고, 가방 가득 금화를 가지고 있고, 말씨름으로 상대할 사람이 아무도 없는 삐삐. 육체적, 물질적, 정신적 힘을 모두 갖춘 이 슈퍼 히어로 이야기는 여러 출판사에서 거절당하다 1945년 출간되어 엄청난 파장을 불러왔지요. 이 거침없는 캐릭터를 통해 어린이라는 존재도 힘과 자유를 꿈꿀 권리, 무거운 현실을 가볍게 넘어설 수 있게 해주는 환상을 누릴 권리가 있음이 선포된 것입니다.

'하지만 단순히 누리기만 할 수는 없다, 그에 따른 책임을 다하며 강인하게 자신을 단련시켜야 한다, 고난에 맞서 용기 있고 품위 있게 싸워야 한다, 용서하고 사랑하며 서로 화합해야 한다'고 린드그렌은 삐삐 이후에도 한결같은 목소리를 내왔습니다. 당연히 재미도 있으려니와 그 너머로 묵직한 의미를 던지는 작품들이 셀 수가 없습니다. 《지붕 위의 카알손》은 구소련에서 삐삐보다 훨씬 더 인기가 있었지요. 지붕 위에 살면서 등에 달린 프로펠러로 날아다니는 꼬마 어른 카알손. 퉁명스럽고 제멋대로고 잘난 체하면서 말썽만 부리는 이 남자는 공산치하에서 억압 받으며 숨죽여 살던 사람들의 해방구였습니다. 서슬퍼런 당국의 검열이 이 '아동문학'은 건성으로 넘어간 덕분이었습니다. 원수지간인 두 산적 부족이 양 두목의 딸과 아들이 가출해서 함께 살 정도로 사랑에 빠진 덕분에 화해한다는 《산적의 딸 로냐》는 현대판 로미오와 줄리엣이면서 동서독의 화합을 촉구했다는 평도 받습니다. 《사자왕 형제의 모험》은 죽음 이후 환생 이후 또 죽음이라는 '무서운' 모티프로 평론가들을 바쁘게 만들었고요. 자기정체성을 확인하기 위해 걸어가야 하는 칼날 같은 고난의 길을 그린 《미오 나의 미오》는 모호한 결말과 동성애적일 수도 있는 코드 때문에 비판을 받기도 했습니다.

세계 아동문학사에 그 누구보다도 깊고 넓은 족적을 남긴 린드그렌이 노벨 문학상을 받아야 한다는 여론도 있었지만, 아동청소년 책 '만' 쓴 이 작가는 후보에도 오르지 못했습니다. 대신 2002년 린드그렌 사후 스웨덴은 그의 문학적 업적을 기리며, '린드그렌의 정신 안에서 가장 뛰어난 성취를 이룬 작품'에 수여하는 알마 상Astrid Lindgren Memorial Award을 제정하였습니다. '아동청소년 문학에 대한 흥미를 고쳐시키고 아동 인권을 높이는 작품과 작업'이 기준이지요. 각계 전문가들이 일 년 내내 꼼꼼히 참여하는 심사, '아동문학 상으로는 가장 부유'하다는 상금(500만 스웨덴 크로나. 6억 원이 넘는다), 왕실까지 참여하여 일주일가량 축제처럼 진행하는 시상식 등으로 이 상은 명실상부한 아동문학의 노벨상으로 자리 잡았습니다. 2003년 첫 수상자는 미국의 모리스 센닥과 오스트리아의 크리스티네 뇌스틀링어. 해마다 글 작가·그림 작가·스토리텔러·독서운동가 중 하나 이상에게, 활동 한 가지나 작품 하나가 아니라 업적 전체에 대해 주어집니다. 남아프리카 대안교육 연구회 같은 낯선 단체가 숀 텐, 볼프 에를브루흐, 필립 풀만, 재클린 우드슨 같은 세계적 작가들과 함께 수상자 대열에 들어가 아동문학을 대하는 우리 눈을 넓혀줍니다. '스웨덴 국민이 세계에 주는 상'이라며, 어떤 기업이나 부호의 스폰서가 아니라 국민 세금으로 제정했음을 굳이 밝히는 대목에서는 알마 상에 대한 모든 스웨덴 사람들의 자부심이 넘치는 듯합니다.

수상 이후에는 세계 최고작가 반열에 확고히 서게 되는 이 상을 한국의 젊은 그림책 작가 백희나가 받는다는 소식에 KBBY는 얼떨떨해졌습니다. 그를 2014년 후보로 올린 적은 있으나, 후보 풀에 6년 간 머물러 있다가 수상하리라고는 전혀 예상치 못했던 것입니다. 하지만 가장 얼떨떨했던 사람은 아마 수상자 본인이었을 것입니다. 철저한 비밀유지 정책으로 공식발표 30분 전에야 연결 상태도 좋지 않은 전화로 수상소식을 들은 그는, 뭔가 다른 상이려니 하면서 감사를 표하면서도 "잘 안 들리니까 메일 주세요."로 경쾌하게 마무리 지었습니다. 조마

조마하면서도 살짝 웃음이 머금어지는 순간이었지요. 코로나 사태로 인한 사상 초유의 온라인 중계 발표라는 사건은 이런 청량한 순간도 만들어냈으니, 유머와 파격을 좋아했던 린드그렌도 즐거워했을 듯합니다.

백희나의 2004년 첫 책 《구름빵》은 린드그렌다운 자유정신과 환상성을 훌륭하게 구현한 작품이었습니다. 삐삐가 스웨덴 아동문학의 분기점이었다면 구름빵은 한국 그림책의 분기점이었다고 해도 과언이 아닐 것입니다. 당시 그림책은 교육과 계몽의 틀 안에서 크게 벗어나 있지 않았습니다. 그런 가운데 구름으로 만든 빵을 먹고 하늘을 날아다니는 고양이 남매 이야기는 어린이다운 유희정신의 숨통을 시원히 틔워준 물꼬였습니다. 아이들뿐 아니라 어른들도 구름빵에 열광했던 이유는 그 스토리와 입체 비주얼이 주는 감각적 즐거움과 해방의 느낌 때문이었습니다. 그런 감각을 통해 우리는 그림책이 교육과 계몽은 물론 장유유서라는 유교 질서, '어린이는 나라의 미래'라는 짐에서도 자유로워야 한다는 날카로운 깨우침을 얻을 수 있었습니다.

이후 쏟아진 한국의 자유로운 그림책들 전면에는 항상 백희나가 있었습니다. 그 대표작이라고 할 수 있는 《장수탕 선녀님》에서는 전설 속 선녀와 현실의 모녀가 대중목욕탕에서 어울립니다. 시대와 세대의 경계, 현실과 환상의 경계를 넘나들며 한바탕 펼쳐지는 놀이판. 늙은 여자, 중년 여자, 어린 여자애의 벗은 몸이 한 권 가득합니다. 이 나신의 향연과 쭈글쭈글 그로테스크한 선녀의 얼굴에 어떤 독자들은 깜짝 놀라거나 화를 내기도 했지요. 그러나 선녀나 여자의 몸에 대한 선입견이나 고정관념, 생물학적 혹은 왜곡된 사회적 욕망 모두를 단번에 깨뜨리는 이 책은 통쾌하기 그지없었습니다.

  백희나의 장점 중 하나는 이런 파격의 즐거움을 넘어서 따뜻한 연대와 보살핌의 자리까지 독자를 데려간다는 데 있습니다. 너무 더워 달까지 녹아내린다는 설정이 기발한 《달 샤베트》. 뚝뚝 떨어지는 달물을 받아 늑대 할머니가 샤베트를 만듭니다. 그걸 나누어먹는 아파트 단지의 각양 동물 주민들. 백희나는 거의 언제나 이 (나누어)먹기 모티프로 우리의 기본 욕망을 감각적으로 만족시키고 거기서부터 공동체의식이나 연대감을 끌어올리는 차원까지 나아갑니다. 구름빵의 회사 가는 아빠와 빵 굽는 엄마, 남매라는 딱 떨어지는 가족공동체가 마음에 걸렸던 백희나는, 이후 작품에서는 가족 형태의 범위를 다양하게 넓힙니다. 한때 '결손'이라고 불렸던 형태의 가정, 일상이 힘난한 워킹 맘 가정, 혈연이 확실치 않은 가정, 인간과 동물이 결합한 가정에 천적관계인 두 종의 동물이 이루는 가정까지. 종이, 헝겊, 털실, 트레이싱 페이퍼, 라이트박스, 스컬피 등 각종 재료로 만든 캐릭터와 배경을 영화적으로 촬영해 만든 비주얼은 그 다양한 소재를 다이내믹하게 전달합니다. 무엇보다 일종의 찰흙이라는 스컬피로 정교하게 빚어낸 형상들은 그의 도저한 장인정신을 웅변적으로 말해줍니다. 인체가 표현할 수 없는 자세와 표정까지 한껏 증폭시켜 보여주는 그 조각 작품들은 지금까지 없었고 앞으로도 보기 힘든 백희나만의 독특한 그림책 세계에서 가장 두드러지는 주인공일 것입니다.

  안타깝게도 백희나 작품세계, 린드그렌과 알마 상의 의의를 마음껏

논하고 싶은 이 시점에 우리 이목은 그보다 구름빵 저작권에 쏠려 있습니다. 이 지면이 그 전모를 밝힐 수 있는 자리는 아니지만, 이런 가정을 해볼까요.

가난한 싱글 맘이 출판사에 투고합니다. 검증 안 된 작가의 책을 내줬다가 안 팔려 입는 손해는 어떡하나. 대충 팔리더라도 출간경비, 홍보비, 회사운영비가 충당되어야 한다. 잘 팔리더라도 그 이익으로 안 팔린 책의 손해를 메꿔야 한다. 출판사는 작가와 매절로 계약합니다. 신인은 다 이렇게 하는 거라면서. 영문 모르는 작가는 책이 나오는 것만으로도 고마워 사인을 합니다. 아니면, 의문을 제기하거나 다른 요구를 해도 묵살됩니다. 분위기에 눌려 그냥 넘어갈 수밖에 없습니다. 그런데 책이 엄청나게 성공합니다. 수십 개 국에서 출간되고, 2차 3차 저작물과 상품이 쏟아져 나오고, 시리즈 영화가 제작됩니다. 하지만 작가에게는 이미 지불된 원고료와 병아리 눈물만큼의 지원금 외에는 한 푼도 돌아가지 않습니다. 캐릭터는 별별 양상으로 변형되고 온갖 스토리가 딸려 나와도 입 한 번 뻥긋할 수 없습니다. 절망한 작가가 불공정계약에 의한 저작권을 돌려달라, 캐릭터에 대한 권리만이라도 돌려달라고 소송을 제기하지만 재판부는 그 계약이 불공정하지 않다며 2심까지 작가 패소 판결을 내립니다.

백희나의 구름빵에 조안 롤링의 해리 포터를 얹어본 것입니다. 해리 포터는 영국의 어떤 부분을 세계적으로 만들었지만, 우리는 구름빵으로 한국의 어떤 부분을 세계적으로 만드는 데 실패했습니다. 스웨덴의 린드그렌, 영국의 조안 롤링 같은 어린이 책 분야의 국가대표 문화 아이콘이 싹부터 이렇게 짓밟히는 현실. 백희나의 수상 소식은 기쁨 끝에 찌르는 통증을 부릅니다. 작가들은 무엇을 꿈꾸며 무슨 힘으로 나아갈 수 있을까요. 그 질문에 대한 대답은, 역설적이게도 바로 백희나의 작품에서 찾을 수 있습니다. 지독한 절망 속에서도 유쾌하고 따뜻하게 빚어낸 최근작《나는 개다》. 작가가 가장 사랑한다는, 강아지가 아이를 향해 기쁨과 갈망에 넘쳐 달려가는 장면에서 말이에요. 그것이 어떤 대접을 받고 어떤 자리에 놓이더라도 어린이 책을 향해 달리는 작가의 모습일 것입니다.

《나는 개다》
지은이 백희나 / 책읽는곰

《나는 개다》 본문 중

[똑, 똑 그림책]

야생화의 고군분투

《이빨 사냥꾼》
글·그림 조원희 / 이야기꽃

볼로냐국제아동도서전이 한창입니다. 우리 작가와 출판사들의 활약도 한창이고요. 2017년에도 볼로냐 라가치 상 수상작이 나왔는데, 잔인한 코끼리 사냥에 일침을 가하는 《이빨 사냥꾼》이라는 작품입니다. 엄정한 주제가 아름답지만 무거운 색조에 실려 강력한 인상을 남깁니다. 이빨 사냥꾼에 대한 과감한 단죄에 책을 보면서 놀라고, 작가가 앳된 얼굴의 젊은 여성이라는 데 다시 놀라게 됩니다. 또 보림출판사가 '올해 최고의 아동출판사 상'도 받았습니다. 여섯 개 대륙에 하나씩 수여되는 상에 한국에서 처음으로 이름을 올린 것입니다.

세계 최대 어린이도서전인 볼로냐에서 놀라워하고 부러워하기만 하던 우리는 2000년대 중반부터 점차 놀라게 하고 부러워하게 만드는 자리로 가고 있습니다. BIB(브라티슬라바 일러스트레이션 비엔날레) 같은 그림책 축제에서도 그렇습니다. 그림책은 도서저작권 해외수출에 일등공신입니다. 작가, 출판사, 독자, 그림책문화 단체들이 그림책이라는 장르를 빛나게 올려놓은 덕분입니다.

특히 최근에는 젊은 작가, 1인 출판사들의 분투가 눈물겹습니다. 그림책을 혼자 쓰고 그리는 데 걸리는 시간은 천차만별이지만, 구상에서 책까지 이삼 년 걸린다고 할까요. 요즘 같으면 초판도 2,000부면 많이 찍는 겁니다. 인세라야 200여만 원입니다. 재쇄는 기약이 없습니다. 그림책작가들은 스스로를 '일쇄작가'라는 자조의 이름으로 부릅니다. BIB 대상을 받은 작가도 어느 모임 자리에서 자신을 '연봉 500만 원짜리'라고 소개합니다. 그림책작가들이 밥 먹고 사는 게 기적일 정도입니다. 그런데도 그들은 아무 지원도 못 받은 채 십시일반 돈을 걷어 볼로냐에 스탠드를 차려 작품을 선보이고, 포트폴리오를 들고 세계 각국 출판사의 문을 두드렸습니다. 그렇게 삼사 년을 버틴 지금 그들의 책은 차례로 국내외에서 선을 보이고, 스탠드는 북적거립니다. 서점과 직거래하는 한 1인출판사 대표도 1평방미터짜리 제일 작은 스탠드에서, 낮에는 달리는 영어로 안간힘을 쓰며 책에 대해 이야기를 나누고, 밤이면 본국의 주문사항을 살피느라 기절할 지경입니다. 민소장, 김작가, 임대표…. 이들의 뜨거운 머리와 핏발 선 눈, 물집 잡힌 발이 우리 어린이책 생태계를 건강하고 풍요롭게 살리고 있습니다. 아름다운 야생화 같은 그들을 응원합니다.

IV

한국 그림책 이야기

1 볼로냐에서 - 가족 그림책 이야기
2 런던에서 - 세계로 나간 한국 그림책
3 《리스트》에서 - 그림책이 보여주는 한국의 꿈
4 과달라하라에서 - 놀라워라 한국 그림책!
5 멕시코시티에서 - IBBY 총회에 가보니

01
볼로냐에서 – 가족 그림책 이야기[*]

    한국의 그림책은 역사가 짧습니다. 1990년대 중반부터 외국 그림책들이 소개되기 시작했고, 일러스트레이터들이 본격적으로 그림책을 만든 지는 십 년 남짓 되었습니다. 그러나 그 짧은 기간 동안 나온 작품들은 깊은 관심을 받기에 충분한 것이었습니다. 이제 여러분은 이 자리에서 그 일부를 확인하실 수 있을 것입니다.

    오늘 여러분은 한국의 가족에 대한 그림책들을 보시게 될 것입니다. 대표적인 일러스트레이터 열다섯 명의 작품을 통해 현재 우리의 다양한 가족의 모습 그리고 그림책들이 와 있는 지점을 소개하고자 합니다. 즐겁고 의미 있는 시간이 되기를 바랍니다.

---

[*] 2011년 한국문학번역원의 전시와 세미나에 참여했을 때 발표한 원고입니다. 특히 베네치아 대학 한국학과 학생들이 많이 참석해서 관심을 보여주었습니다. 이 발표 이후 베네치아대학 한국학과에 가서 한 번 더 발표를 했는데, 키우던 개가 죽는 이야기인 《백구》의 플래시 애니메이션을 보면서 여학생 몇이 엉엉 울던 장면이 아직도 눈에 선합니다. 한국 그림책 사정을 거의 모르는 외국 청중들에게 들려줄 것, 영어로 번역할 것을 염두에 두고 쓴 글이라 약간 어색한 번역투임을 양해해 주시기 바랍니다.

부모와 아이의 사랑

우선 부모와 아이 사이의 사랑에 관한 책들을 보여드리겠습니다. 《엄마 마중》을 보실까요? 한국에서도 몇 개의 상을 받고, 독일에서 청소년아동문학상 후보에 오르기도 했던 작품입니다. 전차 정류장에서 엄마가 오기를 기다리는 꼬마의 모습이 사랑스러우면서도 애처롭습니다. 아이는 모든 전차의 차장에게 자신의 엄마가 언제 오는지를 묻다가 그만 지쳐버립니다. 이 텍스트는 1900년대 초반 아름다운 문장으로 유명했던 소설가 이태준의 글입니다. 한국이 잠시 일본의 식민지였던 시절, 잃어버린 나라의 권리가 다시 돌아오기를 기다리는 한국 국민의 마음에 대한 상징으로 읽히기도 하지요. 그러나 그보다는 우선 무척 춥고 외로워 보이는 아이를 꼭 안아 주고 싶고, 결국 엄마를 만난 아이와 함께 행복해질 수 있는 책입니다.

《엄마 까투리》입니다. 들불이 번지자 엄마 까투리는 날지 못하는 아기들을 날개 밑에 품어 불길을 피하게 해줍니다. 그 대신 자기는 목숨을 잃지요. 덕분에 아기들은 무사히 살아남고 계속 자랍니다. 한국의 대표적인 동화작가의 글로서 매우 비극적인 내용이지만, 이 일러스트레이터는 밝고 힘찬 그림으로 역동적인 생명력을 표현하고 있습니다. 20세기에 들어 식민지, 전쟁, 가난 등 힘겨

《엄마 까투리》
글 권정생, 그림 김세현 / 낮은산

운 시기를 지나오면서도 우리는 강인하게 살아남고 나라를 발전시킬 수 있었습니다. 그것을 가능하게 했던 가장 큰 힘이 어머니의 희생정신이었다고 생각합니다. 이 책은 그 생각을 확인해줍니다.

《엄마랑 뽀뽀》는 제목 그대로 엄마와 아기의 뽀뽀 장면으로만 구성되어 있습니다. '귀염둥이 우리 아가 엄마랑 뽀뽀, 재롱둥이 우리 아가 엄마랑 뽀뽀, 장난꾸러기 우리 아가 엄마랑 뽀뽀' 이렇게 글도 단순하고 리드미컬합니다. 엄마의 사랑을 끊임없이 확인하고 싶어 하는 아기들에게 큰 위안을 주는 책이어서 많은 사랑을 받고 있습니다. 이 작가는 천진한 아이 같은 글과 그림으로 아이들 심리를 잘 나타내는 그림책을 많이 만들고 있습니다.

《기분이 좋아요》도 엄마와 딸의 뽀뽀로 시작합니다. 아이는 행복해지지요. 그 행복한 기분은 연달아서 다른 존재들에게 전해집니다. 강아지, 고양이, 꽃, 나비, 심지어는 구름에까지요. 그리고 하늘에서 내려오는 뽀뽀 세례를 받은 온 세상이 함께 행복해집니다. 이 책을 읽고 뽀뽀를 싫어하던 아이가 뽀뽀를 즐기게 되었다고 말하는 독자도 있답니다. 미국과 한국, 양쪽에서 활발히 활동하고 있는 이 작가는 소통의 중요성을 늘 강조하는데, 아장아장 걷는 아기들을 위한 단순한 그림책에서도 이 소통과 나눔의 정신, 그리하여 함께 행복해지는 세상을 말하고 싶어 합니다.

전통문화와 자연 속 가족

한국의 전통문화와 자연 속에서의 가족의 모습을 보여 드릴까요? 이 자리에도 나와 있는 일러스트레이터 조혜란의 작품 《할머니, 어디 가요? 쑥 뜯으러 간다!》를 소개합니다. 그는 한국의 사계절을 배경으로 할머니와 손녀의 다정하고 흥겨운 이야기를 세심하게 펼쳐보입니다. 이 책은 봄 이야기로, 쑥은 봄을 상징하는 풀입니다. 농촌에서는 쑥 뜯으러 가는 것이 봄맞이 행사입니다. 가족뿐 아니라 이웃들과 함께 쑥을 뜯어 여러 가지 요리를 하고, 시장에 내다 팔기도 합니다. 자세한 이야기는 나중에 작가에게 직접 들으세요!

이번에는 한국의 전통 의상을 보여주는 책입니다. 《설빔》은 새해 첫날에 입는 특별한 옷입니다. 옷의 가짓수도 많고, 입는 법이 여간 복잡하지 않습니다. 이 책의 그림에서는 아이 혼자 옷을 입지만, 온 가족의 물리적, 정신적 도움이 그 옷에 스며들어 있다는 것을 글이 말해주고 있습니다. 옷을 짓는 것은 엄마와 할머니이고, 신발을 사는 것은 아버지이고, 아이의 역할 모델을 하는 것은 할아버지거든요. 아이의 수많은 옷과 모자의 형태와 색깔에는 건강할 것, 오래 살 것, 훌륭한 사람이 될 것 등등 여러 가지 뜻이 담겨 있습니다. 아

《설빔》
글 · 그림 배현주 / 사계절

이를 향한 온 가족의 바람이 옷 안에 담겨 있는 셈입니다. 이 작가는 설날에 입는 여자아이 옷과 남자아이 옷을 그린 두 권의 그림책으로 많은 사랑을 받고 있습니다. 여자아이 옷도 잠시 보시겠어요? 참 예쁘지요?

더 넓은 가족

다음에는 인간만을 가족으로 여기는 것이 아니라 동물이나 집까지도 가족으로 여기는 책들을 소개합니다. 《백구》는 한국의 진돗개에 관한 이야기입니다. 진돗개는 크고 잘생기고 용감하기도 하지만 주인에 대한 애정이 남다르게 깊어 한국에서 가장 사랑받는 개입니다. 하얀 개라는 뜻의 백구는 진돗개에게 으레 붙는 이름입니다. 이 책의 화자인 여자아이는 함께 살던 백구가 병을 얻어 병원에서 치료를 받다 뛰쳐나가자 찾아 헤매고, 교통사고로 죽은 백구를 데려와 묻어주고, 꿈을 꿉니다. 가끔 어린이를 위한 노래도 지었던 유명한 싱어송라이터의 노래인데, 그림책으로 만들었지요. 백구의 죽음에 대한 책임이 누구에게 얼마나 있는지를 궁금해하는 사람들도 있습니다. 치료하면서 제대로 묶어 놓지 못한 수의사, 차로 치고는 병원에 데려가지도 않고 그냥 달아난 운전사, 제대로 돌보지 못한 주인···. 하지만 이때는 지금으로부터 사오십 년 전입니다. 살기 힘든 세월이었지요. 그 생각은 나중에 하고, 이 맑고 아름다운 목소리의 노래를 조금 더 들어보시지요.

《메아리》는 《엄마 마중》의 일러스트레이터가 20세기 중반에 활동

했던 동화작가의 글에 그림을 그린 책입니다. 엄마 없이 누나를 의지하며 살던 산골 소년이 누나가 시집가자 그녀에 대한 그리움과 아버지에 대한 원망으로 방황합니다. 그런 아이를 붙들어주는 것이 새로 태어난 송아지입니다. 아이는 몹시 기뻐하고, 그 기쁨은 아버지와의 화해도 가능하게 합니다. 산에 올라 송아지를 자신의 동생으로 선포하고, 그 소리가 메아리로 울리는 장면은 이 작품의 주제를 압축해서 보여줍니다. "내 산아- 우리 집에 새끼소 한 마리가 났어- 내 동생야- 허허허- 너두 좋니-?" 메아리가 들리는 것 같습니까? 한국의 산과 순박한 사람들의 모습이 아름다운 이 책은 프랑스에서도 출간되어 많은 사랑을 받고 있습니다.

《빈집》은 동물과 식물, 심지어는 방과 문과 정원 같은 집의 일부분까지도 가족으로 여기는 내용의 시를 텍스트 삼아 만들어진 책입니다. 사람들이 모두 이사 가 버려진 집에서 방과 마루와 문들이 서운해서 울고 있습니다. 그걸 본 마을의 고양이, 강아지, 새들이 그 집에 살러 오고, 엉겅퀴, 도깨비바늘 같은 식물까지도 한 가족이 됩니다. 이 따뜻한 시와 그림에, 가끔 그림책 음악을 만들곤 하는 작곡가가 곡을 붙였습니다. 동서양 악기들의 다채로운 소리들이 한데 어우러져, 정다우면서도 약간 쓸쓸한 분위기를 만들어냅니다.

《빈집》
글 이상교, 그림 한병호 / 시공주니어

노는 아이들

가족을 그리는 한국의 그림책에서 가장 즐겨 다루는 테마는 아이의 놀이입니다. 현실에서, 상상에서, 집안에서, 바다에서, 아이들은 몸으로 놀고 머리로 놉니다. 그 놀이에 동참하는 가족, 놀이를 지원해주는 가족, 놀이의 실마리를 제공해주는 가족의 모습들은 어떻게 그려지는지 보실까요?

《넉 점 반》은 한 마을에 시계가 한두 개 있던 옛 시절이 배경입니다. 어느 오후 엄마는 가게에 가서 몇 시인지 알아오라고 아이에게 심부름을 시키지만 아이는 온 동네를 다 돌아다니면서 놀다가 해가 지고 어둑해져서야 집으로 돌아옵니다. 그리고는 "지금 네시 반이래" 천연덕스럽게 시간을 알려줍니다. 한국의 가장 유명한 동시인의 시로 사랑스러운 그림책을 만들었지요. 이 그림을 그린 일러스트레이터는 이 작품에 나오는 여자아이와 똑같이 생겼어요.

《시리동동 거미동동》은 전래동요를 토대로 만든 그림책입니다. 남쪽 끝 화산섬인 제주도에서 불리는 놀이노래를 재료 삼아 작가가 다듬어 쓰고 그림을 만들었습니다. '시리동동'은 거미줄에 매달린 거미가 바람에 흔들리는 모습을 표현하는 의태어입니다. 아이가 놀이 끝에 엄마를 만나고 엄마의 사랑을 확인하는 내용이지요.

《지하철 바다》는 아빠와 함께 수족관에 가는 아이가 지하철에서 바다에 대해 상상하는 내용입니다. 정해진 궤도만을 따라 달려가야 하는 지하철이 고래가 헤엄쳐 다니는 광대한 바다로 변하고 아이가 마음껏 그 안을 돌아다니는 그림을 보면 해방감과 자유로움이 느껴집니다. 여러 가지 기법을 쓴 다채롭고 초현실적인 그림들이 그 자유로운 느낌을 더해주는 독특한 책이지요. 이 작품에는 매우 드물게도, 아빠가 등장합니다. 안타깝게도 한국의 아빠들은 너무나 일을 열심히 하는 나머지 가족들에게서 소외되어 있는 경우가 많습니다. 아이를 키우고 가르치는 일은 거의 전적으로 엄마에게 맡겨져 있습니다. 그래서 어린이책에서 아빠가 조명을 받는 일은 아주 드문 일입니다. 지금까지 보신 그림책들도 대부분 아이와 엄마 사이에 초점이 맞추어져 있었지요. 아빠가 아이와 함께 고래를 찾으러 바다 속을 헤엄치는 이 장면은 그런 아빠들을 위로하고, 각성시키고, 새로운 희망을 줄 수 있지 않을까 싶습니다.

《우리 집에는 괴물이 우글우글》은, 일러스트레이터의 고백에 의하자면, 큐비즘에서 영감을 받은 그림으로 한 가족의 모습을 그리고 있습니다. 그녀는 "표현의 실마리를 던져 준 파블로 피카소와 데이비드 호크니에게 감사드린다"고 말합니다. 글을 쓴 작가는 "이 책은 이제 막 자기 자신을 찾아 나서는 여행을 시작한 아이의 이야기"라고 말합니다. 애벌레로 표현된 아이가 "괴물이 우글거리는 불빛 도시를 지나 작은 숲으로" 기어갑니다. 방귀를 뿜어대는 아빠 괴물, 껍질을 벗기려 드는 엄마 괴물, 달라붙어 절대로 안 떨어지는 진드기 같은 동생 괴물을 모두 물리친 애벌레는 자신의 비밀의 숲으로 숨어들어가 자신만의 세계를 마음껏 누립니다. 아이들은 이 책을 "정말정말 이상하지만 정말정말 재미있는 책"이라고 평가합니다.

《망태 할아버지가 온다》라는 책입니다. 망태 할아버지란 아이들이 말을 잘 안 들을 때 어른들이 협박하기 위해 만들어낸 전설적 인물입니다. 등에 커다란 바구니를 지고 다니면서 나쁜 아이들을 잡아넣는 노인이지요. 말을 안 들으면 망태 할아버지가 잡아가서 입을 꿰매거나, 새장 속에 가두거나, 올빼미로 만들어버린다고 어른들은 협박합니다. 그렇게 해

《망태 할아버지가 온다》
글·그림 박연철 / 시공주니어

서 말 잘 듣는 아이로 만든다는 거지요. 그 말을 듣는 아이들은 공포에 질립니다. 하지만 공포를 누르는 감정이 있으니, 그것은 분노입니다. 협박하는 엄마에게 반기를 든 아이의 분노는, 망태 할아버지가 오히려 엄마를 잡아가서 말 잘 듣는 엄마로 바꾸어버리게 만듭니다. 이 통쾌한 반전에 당혹해하는 어른들이 많지만, 아이들은 "무섭지만 재미있는 책"이라면서 좋아합니다. 이 작가는 2007년 볼로냐에서 '올해의 일러스트레이터'에 선정되었습니다.

《내 거야!》는, 처음에는 두 자매 사이의 라이벌 의식에 대한 책처럼 보입니다. 동생은 언니가 하는 일은 뭐든 방해하고 언니 것은 뭐든 빼앗아갑니다. 심술이 잔뜩 난 동생과 당혹하고, 화가 나는 언니의 모습이 아주 실감나게 그려져 있습니다. 이 작가는 실제로 두 딸을 키우고 있답니다. 마침내 물통 옆에서 아주 큰 싸움이 벌어지려는 참인데, 이

《파도야 놀자》
글·그림 이수지 / 비룡소

게 순식간에 물놀이로 바뀝니다. 어제의 적이 오늘의 친구가 되는 아이들의 놀이 세계를 사랑스럽게 잘 그려낸 작품입니다.

《파도야 놀자》의 작가는 한국보다 외국에서 더 활발히 활동하는 일러스트레이터입니다. 글 없이 그림만으로 많은 이야기를 하는 작가이지요. 이 책에서는 세련된 선과 시원하면서 강렬한 색으로, 바닷가에서 노는 아이의 움직임을 훌륭하게 표현하고 있습니다. 아이의 두려움과 망설임, 즐거움과 기쁨, 자부심 등 여러 가지 감성이 잘 나타나 있지요. 개인적으로 저는 이 엄마가 왜 이렇게 열심히 양산, 그것도 까만 양산을 써서 자신을 숨기고 있는지가 궁금했습니다. 이 책은 2008년에 뉴욕타임스에서 우수 그림책으로 선정되었습니다.

여러분은 지금까지 전래동요부터 아이의 일기까지 여러 가지 글에 다양한 기법의 그림들이 그려내는 한국의 가족의 모습을 열여섯 권의 그림책을 통해 확인하셨습니다. 즐거운 시간이 되셨기를 바라면서 이것으로 한국 그림책에 대한 소개의 말을 모두 마치겠습니다. 감사합니다.

02
런던에서 – 세계로 나간 한국 그림책*

한국 그림책의 토대

영국이 비아트릭스 포터의 《피터 래빗 이야기》로 세계 그림책 역사의 중요한 초석을 놓았던 1900년대 초반, 한국은 일본의 식민지가 되었습니다. 1945년 식민 지배는 끝났지만 곧이어 한국전쟁이 발발했습니다. 전쟁은 파괴와 수많은 사람들의 사망과 실종, 이산가족과 가난을 낳았지요. 전쟁 후에도 빈곤과 싸우고 독재정권과 싸우던 한국인들은 어린이를 위한 책에 눈을 돌릴 겨를이 거의 없었습니다. 한국의 어린이책은 그렇게 설 자리를 찾지 못하고 있었습니다. 그러나 그런 중에도 어린이를 위한 책에 그림을 그리던 일러스트레이터가 없었던 것

---

* 2014년 런던도서전에서 한국이 주빈국으로 참가했을 때 전시된 그림책 도록의 해설글을 보완했습니다. 세계적인 상을 받거나 여러 나라로 수출된 그림책 중심으로 당시 전시 그림책을 선정하고 외국인 독자를 대상으로 해설했기 때문에 전체 그림책의 역사와 현황을 깊이 있게 담지 못한 한계가 있습니다.

은 아니었습니다.

 그렇게 그림책의 토대를 놓았던 원로들을 우리는 지금 한국의 1세대 일러스트레이터로 부르고 있습니다. 가장 대표적인 일러스트레이터가 홍성찬입니다. 1950년대 중반부터 2010년까지 거의 60년 가까운 세월 동안 그림을 그렸으니, 그는 한국 일러스트의 살아 있는 역사라고 해도 과언이 아닐 것입니다. 주로 한국의 옛이야기를 텍스트로 사용한 그림책을 낸 홍성찬은 한국적인 색채와 선, 철저한 고증, 꼼꼼한 세부묘사 등을 통해 한국의 풍속과 정서를 잘 살려낸 작가로 평가받습니다. 그의 업적을 기리기 위해 보림 출판사는 '홍성찬갤러리'를 만들고, 많은 후배들은 그곳에서 전시회와 작가와의 만남, 그의 삶의 궤적과 인터뷰를 담은 다큐멘터리 상영 같은 행사도 열었습니다. IBBY의 한국 지부인 KBBY에서는 2012년 국제 안데르센 상 일러스트레이터 부문에 한국의 후보로 홍성찬을 선정했습니다. 2년에 한 번 전 세계 국가에서 글 작가와 그림 작가 한 명씩 추천을 받아 IBBY 본부에서 최종 수상자를 결정하는 안데르센 상은 국가 후보가 되는 것만으로도 작가로서 확고한 자리매김을 받습니다. 한국에서 처음으로 배출한 안데르센 상 후보가 홍성찬이라는 사실이 그가 한국의 그림책에 어떤 기여를 했는지를 증명합니다.

한국 그림책의 탄생과 발전

작가가 그림책에 대한 명확한 개념 아래 창작한 글과 그림이 그림책다운 편집과 디자인을 통해 나온 책을 그림책이라고 정의 내린다면, 한국 최초의 그림책은 류재수의《백두산 이야기》라고 할 수 있다는 것이 많은 연구자들의 견해입니다. 그 책

《백두산 이야기》
글·그림 류재수 / 보림

이 1988년에 나왔으니 한국 그림책의 역사는 30년 정도밖에 되지 않은 셈이라고 할 수 있을 것입니다. 류재수는 한국 민족이 어디에서 왔는지를 설명하는 신화를 바탕으로 웅대한 스케일의 서사시를 쓰고 강렬한 그림을 그렸습니다. 그것은 한국 그림책 창작의 불길을 지피는 불씨 같은 작품이었습니다.

그 불씨는 90년대 중반 정도부터 제대로 타오르기 시작했습니다. 여기에는 그림을 통해 우리 역사와 전통을 찾고, 그것을 아이들에게 전달하려 한 당시 젊은 작가들의 힘이 컸습니다. 그들이 본격적으로 그림책을 만들면서 한국 그림책의 지평은 넓어지기 시작했습니다. 이억배, 정승각, 권윤덕, 이영경, 한병호, 김환영, 김세현, 이호백, 김재홍 등, 지금 한국 그림책 계에서 중추적인 역할을 하고 있는 많은 작가들이 활발한 활동을 보여주었습니다. 권윤덕의《만희네 집》, 이억배의《솔이의 추석 이야기》나《세상에서 제일 힘센 수탉》, 이영경의《아

씨방 일곱 동무》같은 책이 한국문화나 전통과 접목된 현재 삶의 풍경을 혹은 사실적으로, 혹은 우화적으로, 혹은 환상적으로 형상화하면서 많은 독자들의 사랑을 받았고 아직까지도 스테디셀러의 자리를 놓치지 않고 있지요. 한병호 역시 옛 것과 지금 것을 넘나드는 작품세계를 펼칩니다. 그는 특히 '도깨비 전문가'로 불립니다. 한국 고유의 괴물인 도깨비는 놀라운 초능력이 있지만 때로는 사람보다 열등한 희극적인 모습을 보여주기도 합니다. 그리고 바로 그런 점 때문에 사랑을 받습니다. 한병호는 그런 도깨비의 무시무시하면서, 사랑스러우면서, 우스꽝스러운 모습을 여러 가지로 탐구해서 형상화했지요. 그는 2014년 안데르센 상 일러스트 부문의 한국 후보였습니다.

사랑스러운 캐릭터들

김환영, 김세현, 김재홍 등은 그림책 외에도 동화책의 독보적인 캐릭터 구축으로 각인된 일러스트레이터들입니다. 《마당을 나온 암탉》은 김환영이 그린 암탉의 그 당당한 기개의 몸짓, 실존의 고뇌에 가득 찬 표정이 아니었다면 그렇게 깊은 인상을 남길 수 없었을 것입니다. 김세현은 《사금파리 한 조각》에서 다부지고 고집스러운 표정 속에 여린 성정과 섬세한 마음이 들어 있는 고아 소년의 얼굴을 생생하게 살려냈습니다. 한국계 미국인인 작가가 고려청자를 소재로 만든 작품인 《사금파리 한 조각》은 뉴베리 상 수상으로 더욱 떠들썩하게 소개되었지만, 김세현의 그 얼굴이 아니었다면 한국에서 그토록 친근하게 받아들여질 수 없었을 것입니다. 김재홍은 2014년 안데르센 상 글 부문 한국 후보인 김진경이 쓴 장대한 판타지 《고양이 학교》에서 비밀스러운 지혜와 위엄, 그리고 사랑스러움을 동시에 갖추고 있는 고양이들의 모습을 매혹적으로 보여줍니다. 《마당을 나온 암탉》이 폴란드에서 2012 올해 최고의 책으로 선정되고, 《고양이 학교》가 프랑스에서 어린이들이 뽑는 앵꼬뤼띠블 상을 받은 데에는 그 일러스트의 힘이 만만치 않게 보태졌을 듯합니다. 정승각은 한국의 대표적 동화작가로 알려져 있는 권정생의 《강아지 똥》을 그림책으로 만들었습니다. 강아지의 똥 한 덩어리가 주인공인 짧은 이야기인데, 그는 아주 사랑스러운 똥을 탄생시키는 데 성공한 작가라고 할 수 있습니다. 이것은 한국에서 가장 많이 팔린 밀리언셀러 그림책입니다.

세계로 진출한 그림책들

이렇게 우리 것을 비추면서 우리 자리를 찾아가는 그림책이 꾸준히 나오고 있기는 했지만, 사실 2000년대 중반까지 한국 그림책 계는 헤비급과 라이트급이 맞붙어 싸우는 불공정한 권투 경기장 같은 형국이었습니다. 1990년대 초·중반부터 물밀 듯 밀려들어온 외국 그림책의 기세가 너무 등등했기 때문이었습니다. 그건 그럴 수밖에 없었습니다. 백오십여 년의 역사를 가진 영국 그림책을 위시해서 20세기 중반부터 세계문화의 중심으로 부상한 미국의 그림책, 그 외에 유럽 각국의 예술적인 그림책, 일본의 아기자기한 그림책들은 독자들뿐 아니라 작가들의 혼도 빼놓을 지경이었습니다. 전 세계에서, 백수십 년의 역사를 거치며 걸러진 좋은 그림책들이 한꺼번에 쏟아져 들어오니, 그렇지 않을 수가 없었지요.

그러나 그런 현상은 오래가지 않았습니다. 그리고 그것은 그다지 나쁘기만 한 일도 아니었습니다. 그렇게 소개된 외국 그림책들이 한국 그림책이 자라는 데 좋은 거름 역할을 했으니까요. 그런 그림책들은 우리가 그저 보면서 감탄하게만 놓아두지 않았습니다. 이들이 일깨워 준 그림책의 미학적, 철학적, 이데올로기적, 교육적 측면에 대한 인식은, 우리 눈과 손으로 우리의 삶과 비전을 만드는 움직임으로 이어졌습니다. 이렇게 바깥 공기를 쐬면서도 안으로 자기정체성을 다지던 작가들은 쑥쑥 자라났습니다. 그리하여 2000년대에 들어서면서부터는 한국 그림책이 세계의 주목을 받기 시작했습니다. 우선 류재수의 《노란 우산》과 이호백의 《도대체 그동안 무슨 일이 일어났을까?》가 두 해 연달아 뉴욕타임스의 우수 그림책(Best Illustrated Books)에 뽑혔습니다. 예쁜 한복을 입은 토끼 그림이 있기는 하지만 이 책들은 한국의 전통이나 문화를 비추는 것이 아니라 호기심과 생기 넘치는 아이들의 일상을 우산과 토끼라는 매개체를 사용해서 보여줍니다. 교육적, 민족적 의무감에서 비켜나 자유로운 상상력과 세련된 표현을 구사하는 이 그림책들은 한국 그림책이 새로운 단계에 접어들었음을 알려주는 좋은 예가 되었습니다.

2004년에 볼로냐국제아동도서전에서 한국 그림책 두 권이 상을 받았습니다. 출품 자체가 과감한 도전이었던 라가치에서 윤미숙이 《팥죽할멈과 호랑이》로 '흥미롭고도 실험적인 콜라주 기법'을 통해 '옛이야기를 아방가르드와 합성' 시켰다는 평을 받으며 픽션 부문 우수상을, 신동준이 '기하학적인 직선과 곡선, 형태들이 균형을 보여 주고 있다'는 《지하철은 달려온다》로 논픽션 부문 우수상을 받은 것입니다. 볼로냐라는 이름이 한국인에게 주는 비중이 만만치 않은 만큼 그 수상의 파장도 상당했습니다. 놀라움과 기쁨 그리고 자신감이 이어졌습니다. 우리 그림책은 전통에의 뿌리내림, 자유로운 상상력의 발휘, 새로운 기법에 대한 실험정신 등을 두루 갖추었고, 그것이 이제는 세계에 통할 수 있다는 자신감이었습니다. 이후 몇몇 책들이 꾸준히 상을 받던 중 2011년 《마음의 집》이 대상을 받기에 이르렀습니다. 이 책의 특별한 의미는 한국 출판사 기획, 한국 작가 글에 폴란드 일러스트레이터의 그림이라는 점입니다. 한국 그림책의 정체성이 보다 복합적이고 다층적인 국면으로 들어섰다는 뜻이지요. 이 폴란드 일러스트레이터 이보나 흐미엘레브스카는 2년 후 같은 출판사에 《눈》이라는 책으로 또다시 라가치 대상을 안겨 주었습니다. 볼

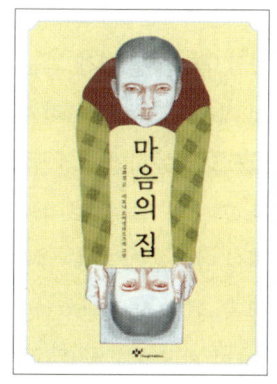

《마음의 집》
글 김희경, 그림 이보나 흐미엘레프스카 그림 / 창비

로냐에서 부단히 수상 실적을 쌓던 한국의 그림책은 2015년에 다섯개 전 부문에서 여섯 개 작품이 수상을 하면서 화제의 중심에 서기도 했습니다.

BIB 그림책 상, 그리고 그 외

세계적인 그림책 상으로 말하자면 BIB를 언급하지 않을 수 없습니다. 슬로바키아의 수도 브라티슬라바에서 열리는 그림책 비엔날레인 BIB도 볼로냐가치 못지않은 바로미터가 되는 상입니다. 1989년 강우현의 《사막의 공룡》을 시작으로 한병호의 《새가 되고 싶어》, 김재홍의 《영이의 비닐우산》이 드문드문 수상작으로 오르던 중 2011년에 조은영의 《달려 토토》가 그랑프리를, 유주연의 《어느 날》이 2등 격인 황금사과 상을 함께 받는 사건이 발생했습니다. 둘 다 젊은 작가들의 첫 작품이었지요. 어린 아이의 천진한 눈으로 본 경마장의 풍경이 과감하고 역동적인 선과 구도로 펼쳐지는 《달려 토토》는 가슴이 뛸 정도로 힘찬 장면들을 보여줍니다. 반면 《어느 날》은 고요하고 깨끗한 여백의 미가 환상적인 책이고요. BIB는 다음 회인 2013년에도 한국 그림책 두 권에 상을 안깁니다. 노인경의 《코끼리 아저씨와 100개의 물방울》이 황금사과 상을, 이기훈의 《양철곰》이 어린이심사위원 상을 받았습니다. 목마른 아이들을 위해 열심히 물을 나르는 아빠 코끼리를 따뜻하고 유머러스하게 그려내는 이야기와, 묵시록적인 암울한 미래

세계를 무서울 정도로 치밀한 세밀화로 밀고나가는 이야기. 두 극단적인 소재와 양식의 그림책은 우리 그림책의 스펙트럼이 얼마나 넓은지를 증명하는 듯합니다. 이후 BIB에서도 한국 그림책은 부단히 수상 실적을 올리고 있습니다.

한국에서 낸 그림책을 세계로 내보내 인정받은 앞의 경우와 약간 다르게 한국 밖에서 주목을 받은 책과 작가들도 있습니다. 한성옥, 이수지, 유태은 같은 경우입니다. 이들은 자신의 글이나 외국 작가의 글에 그림을 그린 책을 외국에서 먼저 내놓아서 주목을 받았고, 그 책들은 거꾸로 한국에서 번역되어 출판되었습니다. 미국 작가가 일본의 시인에 대해서 글을 쓰고 한성옥이 그림을 그린《시인과 여우》가 일찌감치 미국에서 이런저런 상을 받고 추천도서 목록에 오르면서 그런 글로벌 작가의 탄생을 예고했지요. 작품에 따라 집요할 정도로 사실적이고 세밀한 묘사를 구사하는가 하면 거칠고 과감한 생략과 변형도 사용하는 등 기법의 폭이 넓은 작가입니다. 이수지는 '환상과 현실의 경계 3부작' 이라고 스스로 이름 붙인《거울 속으로》,《파도야 놀자》,《그림자놀이》같은 책들을 통해 자신만의 독특한 작품세계를 구축하며 세계적 명성을 얻은 작가입니다. 파도, 거울, 그림자를 사용한 아이다운 놀이가 펼쳐지는 단순한 내용이지만,

《시인과 여우》
글 팀 마이어스, 그림 한성옥 / 보림

자세히 들여다보면 아이의 심리적 정황은 꽤 복잡해 보입니다. 아이의 내면과 외부 세계가 서로 넘나드는 가운데 불안과 공포가 엿보이기도 합니다. 종이책의 매체적 특징을 한껏 살리는 디자인도 그의 개성 중 하나라고 할 수 있지요. 이수지는 2016년에 안데르센 상 한국 후보로, 최종 후보 5인에 올라가기도 했습니다. 미국에서 에즈라 잭 키츠 상을 받기도 한 유태은은 《안녕 나마스테》 같은 책에서 부드럽고 사랑스러운 그림으로 독자의 마음을 다독입니다.

한국 그림책의 다양한 세계

한국 그림책은 30년 남짓한 동안 놀라운 발전과 변모를 보였습니다. 작가들은 넓어진 시야, 다양해진 기법, 투철한 작가 의식, 깊은 고민으로 우리 그림책의 세계를 넓혀 나갔습니다. 아이들 삶과는 관계없어 보이는, 말하자면 어른을 위한 그림책이라고 할 수 있는 분야도 몇몇 작가들에 의해 개척되고 있습니다. 조선경의 《지하 정원》, 박연철의 《떼루떼루》 등을 예로 들 수 있을 것 같습니다. 백희나는 위의 두 경우를 섞어 놓은 작품세계를 갖고 있는 작가로 보입니다. 《구름빵》, 《달 샤베트》, 《장수탕 선녀님》 같은 책들에는 사랑스러움과 그로테스크함, 상상력과 장인정신이 섞여 있지요. 어린 아이다운 유희성 안에 인간들의 절제 없는 욕망으로 인해 망가져가는 우주에 대한 염려도 숨어 있습니다.

수백 년에서 수십 년 전의 우리 역사와 문화, 삶의 자취, 그리고 그런 전통과 자연에 잇대어진 삶을 다양한 방식으로 보여주는 작가들도 있습니다. 김동성이 그림을 그린《엄마 마중》은 우리에게도 낯선 옛날 풍경을 그렸지만 그 안에 흐르는 따뜻한 인간애는 시공을 초월한 공감을 끌어낼 수 있는 것이어서, 2008년에 독일 아동청소년문학상 그림책 부문 후보에 오르기도 했습니다. 김민기의 노랫말에 권문희가 그림을 그린《백구》가 외국 도서전이나 낭송회에서 노래와 함께 플래시 애니메이션으로 상영이 되면 많은 사람들이 눈시울을 붉히곤 했지요.

한 국가의 구성원으로서의 역사적, 사회적 책무를 그림책 안에 담으려고 노력하는 작가들도 있습니다. 한국과 중국과 일본의 일러스트레이터들이 모여 전쟁과 평화를 이야기하는 그림책을 함께 만들려고 노력하는 움직임을 최근의 대표적인 사례로 들고 싶습니다. 그 노력의 결과로 이억배는 분단 현실을 그린《비무장지대에 봄이 오면》을, 권윤덕은 일본군 위안부 문제를 다룬《꽃할머니》를, 김환영은 피난 가는 아이를 그린 권정생의 시에 그림을 그린《강냉이》를, 정승각은 징용과 원폭으로 고통스러운 삶을 살아야 했던 일본 안의 한국인을 다룬《춘희는 아기란다》를 내놓았습니다. 전쟁, 폭력, 인권유린…. 이런 문제를 왜 그림책에 담아야 할까요. 아이들에게 어디까지 알려주어야 할까요. 어떤 방식으로 말해야 그것이 아이들에게 부담과 공포가 아닌 개안을 줄 수 있을까요. 우리는 그런 그림책을 보면서 그런 고민들을 하게 됩니다. 한국의 그림책은 여기까지 와 있습니다.

03
《리스트LIST》에서 – 그림책이 보여주는 한국의 꿈*

세계는 좁아지고 있습니다. 지구 반대편 나라도 하루면 갈 수 있습니다. 세계 어느 곳의 어떤 사람이든 마음만 먹으면 즉시 대화를 나눌 수 있는 방법이 얼마든지 있습니다. 세계 어느 곳의 어떤 정보든 손쉽게 얻을 수 있습니다. 닿을 수 없는 곳이 없고, 모르는 것이 없는 세상이 되어가는 것 같습니다.

그러나, 과연 그럴까요? 가장 가까운 곳에 있고 가장 잘 안다고 생각하는 대상에 대해, 사실은 아무것도 모르는 경우는 없을까요? 나는 있다고 생각합니다. 그것은 우리 곁에 있는 아이들입니다. '요즘 아이들은…' 하고 개탄하는 소리가 오천 년 전의 수메르 점토판에서 발견됐다지요. 그 개탄의 소리는 지금도 마찬가지입니다. 한때 아이였던 사

---

* 한국문학번역원에서는 한국문학을 알리는 영문잡지 《리스트LIST》를 발간합니다. 동화책과 그림책도 꾸준히 소개하면서 2014년에는 그림책 특집을 마련했습니다. 그 특집 원고와 다른 호에서 소개했던 그림책에 관한 글을 정리했습니다.

람들이 어른이 되어 요즘 아이들을 모르겠다고 한탄하는 것입니다. 도대체 왜 아이들은 그토록 이해받지 못할까요. 왜 어른들은 한때 아이였던 자신을 그토록 까맣게 잊어버리는 것일까요. 우리가 이해하고 탐구하고 소통해야 할 가장 중요한 대상은 아이들이 아닐까요. 아이들이, 아이였던 내가, 얼마나 무력하고 외롭고 슬프고 욕심 많고 쉽게 상처받고 두려움 많은 존재인지를 아는 일. 다른 한편으로는 얼마나 작은 일에 즐거워하고 기꺼이 양보하고 금세 새살이 돋고 쉽게 친구를 사귀고 활기와 희망을 늘 새롭게 발견할 수 있었는지를 기억하는 일. 어른들은 얼마나 매정하고 탐욕스럽고 일방적이고 억압적인지를 인정하는 일. 다른 한편으로는 아이들에게 얼마나 든든한 보호자, 인생의 좋은 선배가 될 수 있는지를 되새기는 일, 꼭 그렇게 되어야겠다고 다짐하는 일. 어른들은 다른 어떤 것보다 그 일에 더 힘을 쏟아야 하지 않을까요. 어른과 아이 두 종족이 서로를 더 잘 이해하게 되고 서로의 나쁜 점을 용서하고 좋은 점을 받아들인다면 세상이 좀 더 나아지지 않을까요. 종족과 종족, 국가와 국가 사이의 오해와 다툼도 그것을 기반으로 풀릴 수 있지 않을까요.

어린이책 작가들은 그런 꿈을 꾸는 사람들입니다. 어린이책을 보면 그 사회의 꿈이 무엇인지 알 수 있지요. 이번 특집에서 우리는 당신에게 한국의 꿈을 보여드리겠습니다. 요즘 한국의 그림책은 세계적으로 주목받고 있지요. 볼로냐라가치 상이나 BIB 상을 받는 작가들이 늘어나고 있습니다. 그 중에서도 특히 소개하고 싶은 젊은 일러스트레이터 여섯 명이 있습니다. 그들은 개성적이고 실험적인 작품 세계를 통해 지금 우리는 어디에 있는지, 아이들과 어른들이 어떻게 서로를 이해하고 이해받을 수 있을지, 우리 사회가 어디로 가기를 바라는지를 보여줍니다. 당신은 천진한 아이다운 그림 속에서 아이의 꿈이 피었다 지는 것을 볼 수 있습니다. 동양적인 고요한 그림 속에서 도시의 아름다움을 발견할 수 있습니다. 어두운 미래를 그리는 놀라울 정도로 치밀한 그림 속에서 묵시록적인 경고를 들을 수 있습니다. 세계 곳곳에서 힘겹게 사는 어린이들에 대한 이야기를 듣고 믿을 수 없어하며 눈시울을 붉히는 사랑스러운 아이를 만날 수 있습니다. 아이들을 키우는 데 온 힘을 다 쏟는 아버지와 그런 아버지를 추억하는 아들의 가슴 뭉클한 이야기들을 볼 수 있습니다. 《리스트》에서는 지금까지 한국의 그림책을 몇 번 소개한 적이 있습니다만, 이번 특집은 정말 특별합니다. 기대하셔도 좋습니다.

BIB 상을 받으며

2011년 가을, BIB에서 한국의 두 그림책이 그랑프리와 황금사과 상을 받았다는 소식이 들려왔습니다. 같은 해 봄, 볼로냐국제아동도서전에서 한국 그림책이 라가치 상 논픽션 대상과 우수상을 받은 이후 또다시 전해진 좋은 소식이었습니다. 그림책 작가, 편집자, 연구자, 그림책을 좋아하는 독자 등, 한국의 그림책 관계자들은 환호했습니다. 두 젊은 여성 작가들은 아마도 자신들의 성취가 어떤 기쁨과 자신감을 가져다주었는지 미처 다 알지 못할 것입니다. 그들은 볼로냐에서의 성취가 우연이나 행운만은 아니라는 사실에 대한 확신을 주었습니다. 한국의 그림책은 이제 새로운 세대에 의해 새로운 힘을 얻게 되었다는 인식도 굳어졌습니다.

이 새로운 세대의 젊은 작가들은 한국의 전통문화와 역사를 알리는 데 힘을 쏟았던 선배들과 달랐습니다. 아이들에게 도덕적 가치를 가르치려던 선배들과도 달랐습니다. 그들에게는 자기 자신의 눈으로 본 아이를 표현하는 일이 더 중요했습니다. 자신만의 표현방식을 찾는 일이 더 중요했고요. 말하자면 그들에게는 그림책이 교육의 도구나 무게 있는 주제의 전달 매체가 아니라 지극히 개인적인 자기표현의 장이었던 것입니다. 그들의 그림책은 '예술적'이라고 부를 만한 것이었고, 그리하여 그림책이 예술의 한 장르로서 인식되는 데 중요한 역할을 한 셈이었다고 말해도 과언은 아닐 것입니다.

그랑프리 작품은 조은영의 《달려 토토》였습니다. 할아버지와 함께 경마장에 간 한 소녀의 눈에 비친 인간과 말들의 모습을 그린 이 책을 심사위원들은 이렇게 평가했습니다. "이 책은 다양한 스타일을 신선하면서도 풍성한 방식으로 보여준다. 독자의 주의를 잡아끌면서 이야기를 들려

《달려 토토》
글·그림 조은영 / 보림

주는데, 매 페이지마다 놀랄 만한 레이아웃이 더해지면서 대단한 개성을 보여준다." 이 평가대로 《달려 토토》는 자유분방한 형태와 강렬한 색상, 과감한 레이아웃이 눈길을 끄는 작품입니다. 경마장에 몰려드는 수많은 사람들의 갖가지 얼굴과 동작이 다양하게 그려지지요. 스타트 라인에 선 말들의 모습은 또 얼마나 자유로우면서 역동적인지요. 그들은 심지어는 말처럼 보이지 않기까지 합니다. 어떤 말은 하이에나 같고, 어떤 말은 불독 같고, 어떤 말은 커다란 방패처럼 보입니다. 다른 페이지의 두 배 길이로 펼쳐지는 긴 화면 안에 배치한 경주 장면을 보세요. 이 책의 하이라이트라고 할 수 있는데, 말이 달리는 모습이 마치 폭죽이 터지는 것 같습니다. 이토록 역동적인 그림을 가녀린 젊은 여성 작가가 그렸다는 것을 믿을 수 없을 정도입니다.

그러나 이 책이 인상적인 이유는 다만 예술적인 그림 때문만은 아닙니다. 이 책의 다양한 스타일 안에 한결같이 보이는 것은, 돈을 향한 욕망입니다. 책의 삼분의 이 정도는 그 욕망을 적나라하게 드러내고 있는 사람들의 얼굴로 가득 차 있습니다. 화자인 아이는 실제 말을 보는 것이 처음입니다. 말이 어떻게 생겼을까, 아이는 설레며 상상합니다. 그러나 다른 사람들은 그렇지 않습니다. 모두들 '뭔가를 보거나, 뭔가를 쓰거나 뭔가를 고민' 하며, 그런 뒤에도 '또 전광판을' 봅니다. 마침내 경기가 시작되고, 아이가 자신의 장난감 말과 닮아서 토토라고 이름 붙여준 9번 말이 승리합니다. 기뻐하는 손녀 옆에서 돈을 따지 못한 할아버지는 침통한 얼굴입니다. 말 자체에 대한 아이의 설렘과 호기심, 친근감은 격려 받지 못합니다. 경마장에는 오직 돈에 대한 열망과 실망만 있을 뿐입니다. 손녀는 그 뒤 할아버지와 매주 함께 경마장에 가지만, 더 이상 설레거나 말에 대해 궁금해하지 않습니다. 그 아이에게는 '언제부턴가 말들이 다 똑같이' 보입니다.

이 이야기는 자본에 대한 열망으로 터져나갈 것 같은 우리 사회에 대한 패러디입니다. 이 사회는 아이에게 다른 어떤 가치를 가르치지 않습니다. 공부를 열심히 해야 하는 이유는 돈 많이 버는 직업을 갖기 위해서입니다. 이런 사회에서 아이들이 가진 천진한 상상력이라든가 사물에 대한 원초적인 호기심과 애정 같은 것은 자랄 수가 없습니다. 이 책의 마지막 장면은 우리 아이들이 처한 우울한 상황을 한눈에 보여줍니다. 자신이 이름 붙여준 토토를 더 이상 알아볼 수 없고, 모든 말이 다 똑같아 보인다는 글 옆에 아이는 홀로 외로이, 장난감 말을 안고 서 있습니다. 아이에게 희망과 꿈을 주는 이야기도 아니고, 아이들에게 건강한 정신적 양식을 제공한다는 자부심을 어른들이 가질 수 있는 이야기도 아닙니다. 착한 이야기를 기대하는 독자들로서는 당혹스러울 것입니다. 일부 독자는 '생각할 거리가 많은 책이다', '어렵다'는 평으로 자신들의 당혹감을 표현합니다. 작가가 원고를 들고 출판사를 전전했지만 매번 퇴짜를 맞은 이유는 그 때문일 것입니다. 그래서 이 책이 출간되었다는 점, 세계적인 그림책 상을 받았다는 점이 특별한 의미를 지닙니다. 우리 사회의 어두운 면을 진실하게, 그러나 개성, 감동, 아름다움을 담아서 보여주는 것이 예술이라면, 예술은 아이들에게 희망을 주지 못하는 현실을 과감하게 터뜨리는 일도 해야 합니다. 그런 의미에서 《달려 토토》에는 예술이라는 이름이 붙어도 지나치지

《어느 날》
글·그림 유주연 / 보림

않을 것입니다.

황금사과 상 수상작인《어느 날》은 또 다른 의미의 예술이라고 할 만합니다. 이 책은 흑백의 동양화 기법을 사용해 작은 새의 여행을 그린 작품으로, 심사평은 다음과 같습니다. "제한된 색깔과 양식화된 형체가 시적인 공간을 흐르면서 간결한 내레이션을 탄생시킨다. 고요한 공기 속에 거의 음악적인 리듬이 들어 있다. 이 일러스트레이터는 최소한의 요소를 가지고 감정으로 가득 찬 세상을 전달해준다."

이 새는 새로운 것, 다른 것을 찾아 나서지만 대단한 모험을 겪거나 환상적인 세계에 들어서지는 않습니다. 나무에 앉아 있던 새가 날아간 곳은 도시 한복판입니다. 다닥다닥 붙은 집들의 지붕, 어지러운 전깃줄들, 공사 현장의 크레인, 빌딩숲, 고가도로. 보통 그림책이라면 이런 환경은 어린 새에게는 적대적입니다. 이 책도 그런 말을 하는 듯 보입니다. 자연으로 아동기를 대변하고 도시로 성인기를 대변하면서, 성급하게 성인 흉내 내지 말 것을 경고하는 듯 보입니다. 어른들의 세계는 이렇게 무섭고 위험하니 너는 안전하고 편안한 아동기에 머물러 있어라, 하고 말하는 것 같습니다.

그러나, 이야기의 구조와 글은 그렇게 말하지만, 그림은 그렇지 않습니다. 작가는 그림을 통해서 표면의 메시지와는 또 다른 의미를 담아냅니다. '전통 수묵화에 현대성을 가미한' 그림이 도시의 풍경을 신비롭게 표현하면서, 어른들의 세상이 얼마나 매혹적으로 보이는지를 말해주는 것입니다. 지붕들은 파도 같고, 크레인들은 춤을 추는 것처럼 보입니다. 빌딩숲은 비밀의 동굴, 고가도로는 하늘로 올라가는 무지개 길을 연상시킵니다. 자연과 문명, 아이와 어른을 가르는 이분법적인 생각은 이 책 안에서 무너집니다. 심사평에 언급된 것처럼 '시적인 공간'과 '음악적 리듬'으로 펼쳐지는 화면이 그런 힘을 발휘하는 것이지요. 작가는 그렇게 자신만의 새로운 세상을 보여줍니다.

이 작가는 원고를 들고 출판사를 전전하지 않았다고 합니다. '밝고 명랑하지 않은 내용의 그림책을 출간해주지 않을 게 뻔했고, 출판사의 수정 요구를 받아들일 자신도 없었기 때문'이었다는 것입니다. 이 작가의 고집이 받아들여져서 책이 온전히 나올 수 있었던 것이 다행입니다. 이런 예술적인 성취에 힘입어 한국에서는 작가의 개성이 두드러지는 실험적 그림책들이 부쩍 많이 출판되고 있습니다. 그와 함께 그림책의 정체성에 대한 고민과 연구도 그림책 작가들과 독자들 사이에서 진지하게 시작되고 있습니다.

미안한 과거에게

한국은 세계에서도 드물게 빠른 근대화, 선진화를 이룬 나라입니다. 일제강점기와 한국전쟁으로 인한 파괴는, 역설적이게도 그 현상을 도왔습니다. 정신적, 물질적으로 전통이 무너진 자리에 새로운 것, 서구의 것, 소위 선진적인 것 들이 큰 저항 없이 들어설 수 있었던 것입니다.

이제 와서 그런 과거를 돌아보는 한국인들에게는 약간의 죄책감이 있습니다. 우리는 너무 쉽게 우리의 옛것을 포기했던 게 아닐까. 후손에게 거의 아무것도 물려주지 못하게 되는 것은 아닐까. 이제부터라도 옛것을 보존하고 아이들에게 그것들에 대해 가르쳐야 하지 않을까, 하는 의무감도 있습니다.

《만희네 집》
글·그림 권윤덕 / 길벗어린이

이 죄책감을 해소하고 의무를 이행하는 방법 중 하나가, 옛것을 다루는 어린이책을 만드는 것이었습니다. 삼대가 함께 사는 집안의 풍경을 꼼꼼하게 그려낸 《만희네 집》도 그 중 하나입니다. 1970년대에 지어진 이 집은, 아주 전통적인 한국의 가옥은 아니지만, 현재 한국인의 거주지 60퍼센트 이상을 차지하는 아파트보다는 옛날의 집입니다. 지금의 부모 혹은 젊은 조부모에게 어린 시절의 추억을 불러일으키기에 충분하지요. 부모와 조부모의 삶이 스며들어 있어, 어린 세대에게 살아 있는 역사로서 흥미를 불러일으키기에 충분하고요. 이것이 《만희네 집》이 20년 가까이 한국인에게 사랑받는 중요한 이유 중 하나입니다.

또 다른 이유들도 있습니다. 이 책은 조부모, 부모, 아이가 함께 사는 일상을 다정하고 흥겹게 보여줍니다. '동네에서 나무와 꽃이 가장 많은' 아름다운 집에서는 '발자국 소리만 듣고도 만희를 알아' 보는 두 마리 개도 정다운 가족입니다. 할아버지와 할머니는 안방에서 꽃밭에서 아이를 돌보고 이야기를 나눕니다. 아빠는 목욕탕에서 서재에서 아이와 놀이를 합니다. 친구들도 몰려와 방을 온통 어지르며 놉니다. 무엇보다도 엄마는 부엌에서, 광에서, 장독대에서, 뒤꼍에서 언제나 아이와 함께합니다. 햇볕 좋은 날에 엄마는 옥상에 이불을 널고, 그 부드러운 이불 속에서 아이는 물고기처럼 헤엄쳐 다닙니다. 이 아이는 얼마나 행복해 보이는지요! 이렇게 행복한 아이와 믿음직한 어른들과 아름다운 꽃밭이 있는 집을 우리는 얼마나 원하는지요! 이 책은 이렇게 단순히 옛것을 보여주면서 추억을 불러오는 데 그치지 않습니다. 현재의 행복을 확인시키고, 우리의 소망을 채워주는 것입니다.

다채로운 색깔을 사용하면서도 침착한 분위기를 만들어내는 그림은 한국의 전통 그림 기법을 응용한 것입니다. 지금은 한국의 대표적 일러스트레이터 중 하나로 평가받는 이 작가의 젊은 열정이 엿보입니다. 과거와 현재, 추억과 소망이 어우러진 행복한 가정의 풍경을 찾아낸 그 열정에 한국의 독자들은 20년 동안 사랑으로 보답하고 있습니다.

부엌에 사는 여신

지금은 조금 달라졌지만, 예전 여자들은 부엌에서 보낸 시간이 인생의 대부분을 차지했습니다. 부엌은 그들의 일터이고 싸움터였으며, 때로는 쉼터이자 남자가 침범할 수 없는 성소가 되기도 했습니다. 그러니 부엌에 여자들을 다스리고, 지켜주고, 달래줄 신이 존재하는 것은 당연한 일입니다. 그리스·로마 시대의 부엌에 헤스티아가 있었다면,

《부엌 할머니》
글 이규희, 그림 윤정주 / 보림

한국의 부엌에는 조왕신이 있었습니다. 이 그림책은 그 조왕신에 관한 이야기입니다.

이 이야기의 배경은 아직 한국의 시골에 드물지 않게 남아 있는 전통 가옥입니다. 가족을 모두 도시로 보내고 홀로 시골집을 지키던 봄이 할멈이 세상을 떠난 후 부엌의 신인 조왕신이 그녀를 회상합니다. 조왕신은 그녀가 갓 결혼해 초록 저고리에 다홍치마의 새색시 옷을 입고 처음 부엌에 들어서던 때부터 지켜보았습니다. 허둥대며 일하고, 서러워 울고, 가족의 건강과 평안을 비는 의식을 치르고, 아이를 씻기며 웃고, 큰 잔치를 치르며 새색시는 나이 들어갑니다. 그리고 홀로 남아 손녀가 찾아오기만을 기다리며 늙어갑니다. 흰 머리의 할머니가 된 봄이 할멈은 어느덧 조왕신과 닮아 있습니다.

그리하여 결국 이 이야기는 조왕신에 관한 이야기이자 한국의 여자, 특히 부엌 안의 어머니에 관한 이야기가 됩니다. 조상을 신으로 섬기는 한국 전통 종교관의 한 면모를 독자들은 확인할 수 있습니다. 조왕신은 올림퍼스 산 같은 높은 신전에 사는 것이 아니라 나의 집 낮은 부엌에 살고 있으며, 신적인 권위와 능력을 가지고 세상을 다스리는 것이 아니라 나의 식구의 삶에 시시콜콜 간섭합니다. 마치 엄격하고 무서우면서 가끔은 자애로운 시어머니 같은 존재인 것입니다. 며느리가 결국에는 시어머니가 되듯, 부엌의 여자는 언젠가 부엌의 신이 될 수 있습니다. 하얀 조왕신과 백발에 흰옷 차림인 봄이 할멈이 서로 말을 나누는 이 그림책의 마지막 장면은 그 메시지를 전해주는 듯합니다. 아, 그런 뒤 다시 보니, 표지도 그렇군요. 글의 화자는 조왕신이지만 제목은 '부엌 할머니'이고, 표지 그림의 중심인물은 신이 아닌 인간인 할머니인 것입니다. 신과 인간 사이의 경계는 지극히 흐리고, 인간적인 신과 신적인 인간이 한 차원에 공존합니다.

이런 종교관은 한국인에게 중요한 삶의 원동력이 되어왔습니다. 숱한 역사적 고난에도 불구하고 한국인들이 그토록 강인하게 다시 일어서고 진보를 이룰 수 있었던 것은, 이토록 간단한 원리의 낙천적이고 진취적인 신관, 인간관이 있기 때문이었을 것입니다. 한국의 아이들은 이런 그림책을 통해 그 전통적인 가치관을 받아들일 수 있습니다. 그리고 그것을 지금의 삶에서 현대적으로, 자기 방식으로 펼쳐보입니다. 이 아이들이 어떤 삶의 양상을 보여줄지가, 특히 부엌이라는 무대와 관련해서 궁금해집니다. 부엌은 이제 성의 구별이나 제한이 없어진 남녀 공동의 삶의 영역이 되었고, 먹을 것과 관련한 산업은 전 세계적인 비즈니스가 되었기 때문입니다. 봄이 할멈의 낡은 집은 헐리게 되었다고 이 책에는 쓰여 있지만 조왕신은 '갈 곳이 있다'고 말합니다. 그녀는 아마도 이 세상의 모든 부엌을 들여다볼 작정인지도 모릅니다.

경계를 넘어서

어린 딸이 엄마와 바닷가에 왔습니다. 아마도 엄마의 손을 잡고 모래밭을 걸었을 아이는, 물이 가까워지자 신발을 벗고, 엄마의 손을 놓고, 물을 향해 달려갑니다. 아이의 얼굴에 웃음이 가득합니다. 《파도야 놀자》는 이렇게 시작합니다.

글이 없는 이 그림책은 순전히 아이와 파도 사이의 놀이로 이루어져 있습니다. 처음에는 낯설어하고 무서워하고, 물을 향해 위협적인 얼굴을 해보이기도 하면서 주저하던 아이는, 드디어 물 안으로 발을 내딛습니다. 지금까지의 두려움과 망설임은 가시고 아이는 신나게 물을 차올리며 놉니다. 그때 아이의 키보다 높은 파도가 밀려옵니다. 놀란 아이가 재빨리 도망가서는 의기양양해 합니다. 그러나 승리감도 잠시, 방심한 틈에 들이닥친 파도가 아이를 덮칩니다. 완전히 물에 빠진 아이의 몰골이 말이 아닙니다. 그러나 그 파도에 쓸려온 예쁜 조개껍질들을 본 아이의 얼굴에 함박웃음이 돌아옵니다. 엄마에게 자랑스레 조개껍질을 내보이고 다시 놀이에 열중하는 아이. 집으로 돌아가면서 아이는 파도를 향해 손을 흔듭니다. 다시 오겠다고 약속하는 것처럼.

이 단순하면서 아름다운 그림책의 내용은 이것이 전부입니다. 우리는 바닷가에서 노는 아이를 보면서 나의 어린 시절을 떠올리거나, 내 아이가 물에서 놀던 모습을 회상하면서 즐거워할 수 있습니다. 천진한 아이의 표정, 기쁨 넘치는 몸짓, 역동적인 물의 움직임, 아이와 함께 노는 갈매기들의 유려한 날갯짓을 보면서 화가의 그림 솜씨에 감탄하기도 합니다. 단순하면서 과감한 수직과 수평과 방사선의 구도를 사용한 화면 구성에 사로잡힐 수도 있습니다. 그리고 이 그림책에서 그 이상의 어떤 것을 발견하는 행운도 누릴 수 있습니다.

아이는 이제 막 엄마의 품에서 벗어나 세상으로 나아가려 합니다.

회색과 파랑이 무질서하게 뒤섞인 형체 없는 물은 아이에게는 매혹적인, 그러나 알 수 없어서 두려운 세상입니다. 왼쪽 아랫부분의 아이는 오른쪽 화면의 세상을 머뭇거리며 탐색하는데, 그 안으로 들어가기는 쉽지 않습니다. 아이의 앞뒤에서 행동을 함께 하는 갈매기는 아이의 또 다른 자아로 보입니다. 갈매기는 때로 아이보다 먼저 도망가기도 하면서 두려움과 망설임을 증폭시켜 보여줍니다. 그러나 결국 완강하게 나뉜 두 화면의 경계를 무너뜨리고 세상을 향해 먼저 한발을 내딛는 것도 이 새들입니다. 갈매기는 아이의 또 다른 자아와 함께 아이 안에 들어 있는 자연의 힘을 상징하는 듯합니다. 그러면서 인간적인 두려움을 극복하게 해주는 것이 바로 자연과 연합되어 있는 본능적이고 근원적인 힘이라는 것을 말해줍니다.

마침내 경계를 넘은 아이는 파도를 향해 거침없이 나아가고, 파도도 아이를 맞아 기꺼이 즐거운 놀이상대가 되어줍니다. 그러나 자연은, 혹은 세상은 늘 만만한 놀이상대이기만 한 것은 아닙니다. 커다란 파도가 아이를 덮치는 장면은 압도적으로 보입니다. 파도에 휩쓸린 아이의 모습이 사라지고 갈매기도 보이지 않는 장면. 그것은 세상에 나간 아이가 그것에 굴복할 때가 있으리라는 것을 암시합니다. 자아는 위축되고 세상이 나를 지배합니다. 이 세상에서 나의 존재감은 없어집니다.

그러나 그 위기의 순간이 지나면 다시 나 자신을 찾을 수 있다는 것을 다음 장면이 말해줍니다. 뿐만 아니라 그 무섭던 세상은 위험을 넘긴 데 대한 보상도 해줍니다. 예쁜 조개껍질이 아이의 주위에 널려 있는 것이지요! 아이의 단순한 놀이에 세상 사는 이치를 담아낸 이 스마트한 작가는, 한국에서 가장 유명한 그림책 작가 중 하나이며, 전 세계적으로 관심을 받으면서 많은 상을 수상했습니다. 이탈리아, 스페인, 독일, 프랑스, 브라질, 일본 등으로 수출된 이 책은 2008년에 뉴욕타임스에서 우수 그림책으로 선정된 바가 있습니다. 말없이 아이의 심리를 그려내는 특기를 가지고 있는 그가 다음에는 어떤 세상과 어떤 아이를 보여줄지, 독자들은 기대합니다.

이 빨간 남자는 누구일까?

빨간 벌거숭이 남자가 뭔가 기다란 것의 꼬리를 끌고 갑니다. 이게 뭘까요? 뭔가 비늘 같은 것으로 뒤덮여 있습니다. 책을 펼쳐보면 뒤표지에 그 기다란 것의 머리가 보입니다. 이것은 뱀일까요? 아니면 용일까요? 이 빨간 남자는 정체가 뭘까요? 왜 벌거벗고 있을까요? 왜 그는 몸 곳곳의 피부가 벗겨진 것처럼 보일까요? 얼굴도 엉덩이도 흠집투성이네요. 그런데도 그는 아파 보이거나 고통스러워 보이지 않습니다. 아무래도 상관없다는 듯 보입니다. 심술이 잔뜩 나 있는 것처럼 보이기도 하지요. 이런 표정은 무엇 때문에 나오는 걸까요? 이 책은 표지만으로도 이렇게 수많은 의문을 불러일으킵니다.

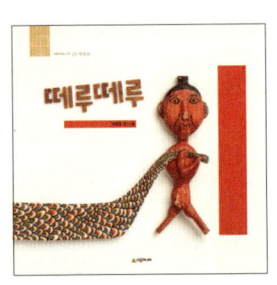

《떼루떼루》
글 · 그림 박연철 / 시공주니어

그리고 책을 펼치면 연극 무대가 나타납니다. 이 이야기는 혹시 연극에서 가져온 걸까요? 맞습니다. 한국 전통 인형극의 한 부분에서 빌려온 이야기입니다. 표지에 나오는 동물은 뱀과 용의 중간단계에 있는 이무기입니다. 용이 되려다 실패한 바람에 원한이 많은 이무기는, 한국의 민담에 즐겨 사용되는 캐릭터입니다. 이 이무기가 한 가족을 모두 잡아먹습니다. 한 노인과 그의 부인, 딸, 손자까지! 노인은 막 잡아먹히려는 참에 그의 조카를 부르며 도움을 청합니다. 그 조카가 바로 '빨간 남자'입니다. 그는 똥을 누고 있던 중에 삼촌이 괴물에게 잡아먹힐 지경이라는 소리를 듣지만 "고소하다!" 하며 코웃음만 칩니다. 그러다 결국 삼촌의 애원에 못 이겨 싸움에 나서서 승리하고, 죽은 이무기를 팔아 부자가 되겠다며 끌고 갑니다. 그런데 조카 덕분에 목숨을 구한 노인은 이 조카의 행운에 질투를 하며 그가 가진 것을 모두 빼앗아야겠다고 벼릅니다. 이야기를 들려주던 변사가 꾸짖자 노인은 술이나 한잔 해야겠다며 퇴장하고, 이야기는 끝납니다.

이 인형극은 귀족계급을 풍자하고, 인간의 허위의식을 고발하고, 놀이본능을 끌어내는 민중의 예술로 알려져 있습니다. 한국의 전통문화를 재현하는 데 관심을 가져온 작가는 그것을 아이들에게 전해주려 합니다. 익살스러운 캐릭터와 야성적 긴장이 넘치는 사건, 리듬감 넘치는 글 텍스트는 이 예술정신을 충분히 전달합니다. 이 책에서는 그 전통적인 예술정신에 이 작가만의 예술정신도 더해집니다. 그는 고집스럽게도 자기의 전문 분야가 아닌 조각에 뛰어들어 나무로 형상들을 만들었습니다. 직접 천연 재료를 이용해 천을 염색했고, 직접 바느질을

해서 형상들의 개성을 살렸습니다. 이 작업을 하는 데는 3년이 필요했습니다.

매번 이렇게 새롭고 힘겨운 기법을 쓰느라고 이 작가는 책을 많이 내지 못합니다. 그러나 내놓는 책마다 주목을 끕니다. 그의 데뷔작은 한국의 유명한 그림책 상을 받았고, 두 번째 책으로는 볼로냐에서 올해의 일러스트레이터로 선정되었습니다. 그의 책은 한국 아이들이 무서워하면서도 사랑하는 책으로 널리 알려져 있습니다.

그뿐인가요, 외국의 어른들도 이 작가의 책을 사랑합니다. 2013년 볼로냐에서 그는 자신이 만든 형상들을 가지고 워크숍을 열었습니다. "떼루떼루"는 인형극의 대사를 시작하기 전 사용하는 의미 없는 감탄사로, 사람들의 주의를 끄는 기능을 합니다. 워크숍 참석자들은 이 말을 아주 재미있어 했고, 볼로냐에는 한동안 "떼루떼루" 소리가 울려 퍼졌답니다!

한 어부의 위대한 삶

눈 먼 어부가 바다로 고기를 잡으러 갑니다. 꽤 나이가 들어 보이는데, 도와주는 사람도 없이 혼자입니다. 참 외롭고 고단한 삶일 것 같습니다. 내가 만약 현실에서 저 어부처럼 산다면 얼마나 슬프고 절망적일까. 독자는 이렇게 생각할 수도 있을 것입니다.

그러나 이 책은 아이들을 위한 그림책입니다. 아이들을 위한 책을 만드는 어른들은 슬픔과 절망만을 말하려 하지 않습니다. 설득력 있는 희망과 긍정과 용기, 꿈을 말하려 합니다. 그리고 이 그림책, 《어느 바닷가의 하루》도 그렇습니다. 이 그림책에 글이라고는 다섯 줄 밖에 없습니다. 그렇지만 환상 가득한 그림으로 이 가엾어 보이는 노인의 삶이 사실은 얼마나 위대한지를 말해줍니다.

이 책은 영국의 빅토리아 앨버트 미술관에서 주관한 'V&A 일러스트레이션' 상 수상작입니다. '전통적인 판화 기법을 성숙하게 수용' 하여

《어느 바닷가의 하루》
글·그림 김수연 / 보림

아름다운 상상을 펼쳐나간다는 평을 받았지요. 그 아름다운 판화 그림을 따라가 볼까요. 눈 먼 노인이 강아지를 데리고 고기를 잡으러 나갑니다. 그가 그물을 손질하는데, 갈매기 한 마리가 그물의 끈을 물고 달아납니다. 갈매기를 뒤쫓던 강아지가 순간 갈매기로 변합니다. 노인에게 끈을 되돌려주는 강아지-갈매기. 그 사이에 노인은 자기만큼 커다란 하얀 물고기를 잡아 올립니다. 되돌아온 끈을 흰 물고기가 낚아채자 노인은 검은 물고기로 변해 흰 물고기를 추적합니다. 바다 속까지 따라 들어온 강아지-갈매기는 검은 물고기, 그러니까 노인을 노리는 상어를 발견하고는 커다란 바위로 변해 막아 세웁니다. 그런 뒤 바위는 노인으로, 검은 물고기는 강아지로 변합니다. 물 밖으로 나온 노인과 강아지는 바구니에 들어 있는 커다란 물고기와 함께 집으로 돌아갑니다. '내일도 그들은 오늘의 삶을 되풀이할 것' 이라는 글로 이야기

는 끝을 맺습니다.

　이 아름다운 그림은 단순해 보이지만 깊이 있는 주제를 담고 있습니다. 매 페이지마다 화면을 가로지르는 끈은, 눈 먼 채 홀로 살아가는 노인의 삶이 사실은 버림받은 것이 아니라 언제나 어떤 것과 연결되어 있다고 말합니다. 강아지와 갈매기와 물고기, 즉 자연 전체와 연결되어 있는 것입니다. 그리고 그것은 단순한 연결이 아니라 조화로운 일치에 이릅니다. 역동적이고 인상적인 그림으로 표현되는 변신의 장면들을 볼까요. 노인과 강아지와 갈매기와 물고기, 그들은 서로 쫓고 쫓기고, 먹고 먹히는 관계 안에 있습니다. 그러나 그 관계는 적대적이고 비극적이지 않습니다. 지극히 자연스럽고 건강하고, 심지어 행복해 보입니다. 자연의 섭리 안에서는 모든 삶이 서로 연결되어 있고 서로 이해할 수 있으며, 서로 섞일 수 있다고 작가는 생각하는 것 같습니다. 나무의 나이테 무늬로 바다의 파도를 표현한 장면은 그 생각을 가장 상징적으로 드러냅니다.

　세상 만물은 서로 연결되어 있고, 지금 이 세상뿐 아니라 이전 세상이나 다음 세상과도 이어져 있다는 것은 동양 사상의 핵심적인 명제 중 하나입니다. 이 추상적인 명제를 이 그림책은 명쾌하게 시각화해 놓습니다. 상상력과 힘이 넘치는 아름다운 그림을 통해 어린 독자들을 세상 만물과의 일치감으로 인도합니다. 어린 독자들뿐인가요. 어른 독자들도 이 작은 그림책 앞에서 숙연해질 것입니다.

04
과달라하라에서 – 놀라워라, 한국 그림책!*

2015년 11월 28일, 멕시코 제2의 도시 과달라하라. 남미권에서 가장 큰 책 축제인 과달라하라 도서전이 열렸습니다. 그 안에는 '세계의 이목을 끈 한국의 그림책 49'라는 타이틀이 걸린 부스가 있었습니다. 볼로냐라가치 상, BIB 상, 에스빠스 앙팡 국제도서 상, 뉴욕타임스 베스트 일러스트레이티드 북 등 다양한 그림책 상을 받은 한국의 그림책이 전시된 부스였습니다.

반응은 열광적이었습니다. 전시된 그림책들을 감탄을 연발하며 들여다보던 관람객들은, 도록을 받아들고 뛸 듯이 기뻐했습니다. 어린 학생들은 부스 앞에 서서 통역자가 읽어주는 그림책을 홀린 듯 들여다보았습니다. 출판사와 서점 관계자들과 에이전시와의 상담은 끊임없이 이어졌지요. 첫날 부스를 찾아와서 한국 그림책에 대한 신문기사를 썼던

---

* 2016년에 해외문화홍보원에서 발행하는 영문 잡지 KOREA에 한성옥 작가의 인터뷰와 함께 실렸습니다.

〈라 조르나다〉지의 기자는 마지막 날 다시 와서 그곳이 마치 도서관이라도 된 양 자리 잡고 앉아서 전시된 모든 책을 읽어치웠습니다.

이런 현상이 일어난 곳은 과달라하라뿐만이 아니었습니다. 볼로냐, 북경, 런던, 파리 등 한국의 그림책은 전시되는 곳마다 비슷한 반응을 불러 일으켰습니다. 2014년부터 한국출판문화산업진흥원이 꾸준히 주최하고 KBBY가 일을 진행한 세계 도서전 참가의 결과입니다.

이것은 주관적인 인상이 아닙니다. 객관적으로, 한국 그림책은 세계적인 평가를 받습니다. 2015년에 볼로냐국제아동도서전에서 수여하는 볼로냐라가치 상을, 한국 그림책은 전 부문에서 받았습니다. 픽션, 논픽션, 오페라 프리마, 뉴호라이즌, 북스앤시즈의 다섯 부문에서 우수상 타이틀을 받은 것입니다. 2000년 들어서 꾸준히 수상을 하던 것이 정점에 이른 셈입니다.

볼로냐뿐 아니라 브라티슬라바에서도 한국 그림책은 매회 상을 받습니다. 미국, 스위스, 프랑스, 독일 등지의 크고 작은 그림책 상 수상 목록에서 한국 그림책을 발견하는 일은 그다지 드물지 않습니다. 한국의 그림책은 섬세한 심리와 깊이 있고 따뜻한 정서로 아이들뿐 아니라 어른들에게도 큰 울림을 준다는 평을 받습니다. 서구인에게는 신선하게 보이는 동양적 그림이 새로운 예술적 감각을 일깨운다는 평도 받고요. 이런 이유로 한국의 그림책은 지금 세계적인 주목을 받는 것입니다.

한국의 그림책은 이렇게 정점에 오른 것처럼 보입니다. 그러나 그 정점은 위태로운 정점입니다. 정점 앞에는 급격한 내리막길이 기다리고 있습니다. 한국의 그림책 작가들은 이 내리막길을 염려하고 있는 중입니다. 중산층은 붕괴되고, 출산율은 세계 최하위인지라 어린이도서 시장은 무서운 기세로 하향세를 보입니다. 독서와 논술이 대학 입시에서 차지하는 비중이 줄어들자 책의 수요도 함께 줄어들었습니다. 독서와 논술보다 영어 점수가 훨씬 중요해지자 엄마들은 영아용 그림책부터 아예 영어 원서로 읽히고 있습니다.

훌륭한 그림 솜씨와 개성적인 세계관, 예술관을 가진 젊은 작가들은 선배 작가들보다 훨씬 척박한 출판 환경에 놓이게 되었습니다. 그림책 작가로 생계를 이어간다는 것은 거의 불가능한 일이어서 작가들은 원치 않는 부업에 종사해야 합니다. 이런 환경에서도 기적처럼 그림책은 계속 출판되고 있지만, 그 기적이 지속되리라고 믿는 작가는 별로 없습니다. 어떤 조처든 취해져야 합니다.

그리하여 다양한 노력이 펼쳐지고 있습니다. 출판사들은 수출을 통해 시장을 확장하려고 노력합니다. 작가들은 제대로 보호받지 못하는 저작권을 지키기 위해 노력합니다. 백희나의 《구름빵》은 대통령이 언급했음에도 불구하고 아직도 해결되지 않은 저작권 문제를 단적으로 보여줍니다.* 그림책은 도서 분류상 독립된 예술장르로 인정받지 못해서 구조적인 지원 체계 안에 들어 있지 않습니다. 책의 형태를 갖고 있으니 순수 미술에 포함되지 못하고, 글이 없거나 양이 적으니 문학 쪽으로 들어가지도 못합니다. 정부의 예술작품 지원 사업에 그림책은 이

---

* 전집 기획물에 들어가서 약간의 '매절 원고료'만 받은 이 책은, 오십만 부 가까이 팔리면서 수많은 2차 3차 저작물로 확대되고 있지만 그에 상응하는 저작권료는 전혀 받지 못하고 있습니다. 이런 불합리한 계약 조건을 바로잡기 위해 법을 제정하는 움직임이 약간 일었지만 안타깝게도 성과는 없습니다. 현재 《구름빵》에서 나오는 수익은 작가에게 전혀 돌아가지 않고 있습니다.

름도 올리지 못합니다. 이런 불균형을 해소하기 위한 법 개정에 노력하는 그림책협회 같은 단체도 있습니다.

　작가들이 무엇보다도 바라는 것은, 그림책이 독립된 예술장르로 인정받는 것입니다. 문자 예술도 아니고 그림 예술도 아닌 중간 지대의 어린이용 교육 매체가 아니라, 그 두 영역을 모두 껴안는 새로운 장르로 자리매김하는 것입니다. 글의 이성과 그림의 감성이 만나면 더 크고 깊은 감성과 정신 활동을 일으킬 수 있다는 것이 그림책 작가들의 믿음입니다. 그림책이 커버할 수 있는 독자층은 인생을 막 시작하는 어린 아이에서부터 인생을 마감하는 노인에 이릅니다. 그림책이 다루는 주제는 인생의 모든 국면이 될 수 있습니다. 그림책은 우리의 높은 의식에서부터 저 깊은 무의식까지를 일깨울 수 있습니다.

　그런 믿음과 신념은 그림책 작가들만이 가지고 있는 것은 아닙니다. 한국에는 수많은 그림책 관련 독서 단체와 시민 모임이 있습니다. 거기 모인 사람들은 그림책으로 위로와 기쁨을 얻으며 인생과 예술에 새롭게 눈을 뜬 체험을 나눕니다. 한번 그런 체험을 하게 되면 그림책에서 헤어나기가 어렵습니다. 그림책은 그런 달콤하고 의미 깊고 아름다운 중독을 선물하는 매체라는 것이 그들의 신념입니다.

인터뷰–한성옥(그림책 작가, 아트디렉터)

　한국 그림책이 요즘 왜 이렇게 세계적인 주목을 받을까요? 어떤 점에서

탁월할까요?

　글쎄요…. 몇 가지 면에서 살펴볼까요.
　우선 내용의 측면입니다. 서양 사람들은 자기감정을 드러내거나 남의 감정을 끌어내는 일을 자제하는 편입니다. 감정 전이를 불편해한다고나 할까요. 그래서 그림책의 감성도 절제되어 있습니다. 그러나 한국의 그림책은 깊은 감성을 건드려주는 면이 있습니다. 일러스트레이터들이 자기 안에 품은 정서를 섬세하게, 절절하게 표현합니다. 그런 정서가 잘 전달이 돼서 읽는 이들과의 교감이 이루어지는 것 같습니다.
　둘째는 기법의 측면입니다. 앞서 말한 정서를 충분히 전달할 수 있을 만큼 그림을 훌륭하게 그리는 것이지요. 한국 일러스트레이터들의 그림 솜씨는 짧은 기간 동안 비약적인 발전을 이루었습니다. 그 중에서도 외국에서 좋아하는 측면은, 동양화적인 기법일 것입니다. 동양화는 사물을 인지하는 구조가 서양화와 차이가 있습니다. 사물과 공간을 보는 구조가 상당히 다르지요. 그 색다름이 서양인들에게 그림과 인간과 삶을 보는 데 새로운 시각을 부여해줍니다. 동양화의 특징인 여백과 물이 번지는 듯한 기법도 그들에게는 새로운 아름다움입니다.
　한국의 그림은 중국, 일본과도 다릅니다. 중국의 그림이 더 크고 집단적인 것을 담아내려고 한다면, 한국의 그림은 자기 정서를 담는 데 집중합니다. 그리하여 더 섬세한 아름다움이 전달됩니다. 일본의 그림은 담백하지만 그 안에 매우 날카로운 자극이 있습니다. 그러나 한국의 그림에는 극단적이고 어두운 정서가 거의 없습니다. 순하고 포근하고 다정합니다. 배려와 화합을 이끌어낸다고 할 수 있습니다.

출판 상황의 측면을 볼까요. 한국의 도서 시장은 아주 작습니다. 그러다 보니 직업적인 작가들은 독자가 무엇을 원하는지에 주의를 깊이 기울이게 됩니다. 독자와의 소통에 힘을 쏟는 것이지요. 한국인들은 공동체 안에서의 평판에 많은 신경을 씁니다. 예술가들도 마찬가지여서 호응 받고 인정 받는 것, 상 받는 것을 중요시합니다. 이런 것들이 예술가들의 도전정신, 탐구정신, 실험정신의 동력이 됩니다.

한국 그림책이 발전한 데에는 이런 복합적인 에너지가 작용합니다. 이런 에너지가 특정 독자에게만 제한적으로 공급되는 것은 장르적 낭비입니다. 그림책의 독자층은 모든 연령층으로 넓어져야 합니다. 그림책은 어린 아이부터 노인까지, 모든 인간이 창조적인 정신활동, 예술 활동을 능동적으로 할 수 있도록 만드는 가장 좋은 매체입니다. 한국의 그림책은 이런 면에서 이제 새로운 분기점을 만들어야 한다는 것이 그림책에 관계된 모든 사람들의 생각입니다.

05
멕시코시티에서 – IBBY총회에 가보니*

멕시코시티, 정말 멀었습니다. 집을 나서서 그곳에 도착하기까지 거의 24시간이 걸리더군요. 이리 먼 길이니 작년부터 여러 사람이 들썩거렸으면서도 막상 참가자는 저와 이지유 선생 둘뿐인 것도 무리가 아니었지요. 이 외로운 원정대의 엄벙덤벙 IBBY 총회 참가기를 보고 드립니다.

미국 휴스턴에서 마치 우등고속버스처럼 달랑 좌석 세 줄짜리인 비행기로 갈아타고 우리는 멕시코시티에 도착했습니다.

회의가 열리는 피에스타 아메리카나 레포르마 호텔에 짐을 풀고, 9월 10일에 등록을 했습니다. 약 1,000명이 참가했다고 합니다. 500명은 멕시코 사람들이고, 나머지 500명이 약 35개국에서 왔습니다. 콜롬비아, 볼리비아, 브라질, 코스타리카 등 중남미 사람들이 많았지요. 상대

---

* 2014년 KBBY회장으로 일할 때의 IBBY총회 참관기입니다. 2년에 한 번씩 세계를 돌며 열리는 IBBY 총회에 KBBY에서는 회장단과 발표자들, 어너리스트 수상자들을 참여시키려고 노력하고 있습니다.

Ⅳ 한국 그림책 이야기 / 209

적으로 아시아 사람은 적었습니다. 중국에서도 한국에서도 단 두 명. 캄보디아, 몽골에서 한 명.(아, 국립어린이청소년도서관의 이선화 사무관이 약간 늦게 합류해서 한국은 세 명이 되었습니다.) 일본은 자국 작가가 안데르센 상을 받아서인지 꽤 많이 참가했습니다.

    10일 저녁 개회식과 안데르센 상 시상식이 열렸습니다. 유서 깊어 보이는 멕시코 국립도서관에서 저녁식사와 함께 한 자리였습니다. IBBY 부회장의 개회사에 이어 멕시코 IBBY 관계자와 후원자들의 스피치가 이어졌습니다. 글 작가 수상자는 일본의 우에하시 나호코. 영국 판타지문학의 세례를 받은 어린 시절을 이야기하더군요. 문화인류학자로서의 공부와 일본의 역사 문화를 접목시킨 서사판타지 작품들이 그녀의 대표작이라고 합니다. 그림 작가 수상자는 브라질의 로저 멜로. 브라질의 자연과 동물, 아이다운 상상력이 흔쾌하게 어울린 자유로운 그림이 특징입니다. 수상자들은 길고긴 수상소감으로 자신의 작품 세계를 소개했는데, 잘 알아들을 수가 없어서 아쉬웠습니다. 게다가 그 이전의 행사에서 시간이 너무 지체되는 바람에 정작 시상식이 진행될 때는 사람들이 절반 이상 빠져나간 상태였지요. 이 어수선한 시상식은 마지막 날 IBBY 총회에서도 지적이 되었습니다. '지난번 영국에서는 그렇지 않았다, 다음에는 달라질 것이다', 이런 말들이 나왔습니다. 저로서는 안데르센 상 시상식 참석이 처음이었기 때문에 비교할 수는 없었지만, 이런 큰 행사 진행은 어느 나라나 참 쉽지 않은 일임이 절감되더군요.

    11일과 12일 하루 종일, 그리고 13일 오전까지 전체 회의 및 세션 동시 진행 등의 프로그램이 있었습니다. 이번 총회의 주제는 'Inclusion'이었습니다. 포함, 포용, 포괄 같은 뜻입니다. 슬로건인 'May everyone really mean everyone'은 '모두가 모두에게 진정 의미 있기를' 정도로 해석할 수 있을까요? 솔직히, 너무나 추상적이고 포괄적인 주제인 것 같았습니다. 열심히 쫓아다니면서 귀를 기울여 보았지만 뭔가를 파악하고 정리하기에는 제 듣기 능력이 한계가 있었습니다. 게다가, 어찌 됐건 들으며 뭔가 끼적여 놓은 노트를 마지막 날 잃어버리고 말았고요! 남의 노트는 내가 주워주었는데, 정작 내 노트는 아무도 챙겨주지 않았고, 호텔의 분실물 센터에도 들어와 있지 않아서 하릴없이 떠나올 수밖에 없었습니다.

그 와중에 건진 것은, 데이비드 알몬드였습니다. 그는 잔잔한 어조로 문학의 위기에 대한 소란스러운 걱정을 다독여주었습니다. '세계 곳곳을 탐험하는 마음과 유연한 상상력을 가진 아이들', '책과 이야기와 시와 극을 좋아하고, 글을 쓰는 작업에 대해 가장 통찰력 있는 질문을 던질 줄 아는 아이들'을, 아이들이 스마트 기기 때문에 책을 안 읽는다고 걱정하는 어른들과 만나게 해주고 싶다는 것이 그의 말입니다. 영국의 작은 마을을 그린 자기 이야기를 읽은 다른 나라의 아이들이 어떻게 우리 동네를 이렇게 잘 그렸냐고 물었다는 말도 했습니다. 우리의 물질적 삶과 정신적 삶의 경계를 넓히고 서로 다름을 이해하며 받아들이자는 이 대회의 취지를 이렇게 인상적인 에피소드 안에 깔끔하게 정리한 거지요. 그의 인상은, '만년설 덮인 휴화산 꼭대기에 있는, 따뜻한 칼데라호'였습니다. 문학에 대해 그토록 너그럽고 따뜻하면서도 굳건한 믿음을 갖고 그것을 높고 훌륭한 작품으로 증명해내는 이런 작가를 만날 수 있었다는 것만으로도 이번 총회는 제게 큰 성과였습니다. 쉬는 시간 바깥 라운지에서 나는 데이비드 알몬드를 찾았습니다. '당신의 빅 팬이다. 한국에도 당신을 사랑하는 독자가 많다. 언젠가는 우리를 방문해주기 바란다'고 말을 건넸고요. 그는 따뜻한 미소로 감사를 표했고, 사진 찍자는 청에 흔쾌히 응하며 내 어깨를 안는 포즈를 취해주었습니다. 너무 무겁지도 가볍지도 않게 적당한 무게로 얹힌 커다란 손이 참 따뜻했던 기억이 있습니다.

또 하나의 성과는, 미국 뉴멕시코 대학의 성유경 교수였습니다. 개별 세션에서 한국 이름을 보고 몹시 반가웠지요. 성 교수는 미국 IBBY 회원으로 있으면서 IBBY 총회 때마다 발표를 열심히 해왔습니다. 이번에도 한국의 다문화현상을 동화책과 그림책이 어떻게 담아내고 있는지를 분석해 왔더군요. 그는 우리 다문화 구성원을 결혼이주민, 노동이주민, 탈북자 등으로 분류했습니다. 그들을 다루는 작품들이 초기에는 부정적 선입견과 피상적인 동정으로 채워졌지만 최근 들어서는 한 발짝 더 나가는 작품들이 눈에 띄기 시작한다는 것이 그의 의견이었습니다. 성 교수도 우리를 만나 무척 반가워했습니다. 그러면서 하는 말이, 한국의 최근 어린이책을 미국에 좀 알려라, 였습니다. 미국 아이들은 아직도 '한국에 화장실이 있느냐, 나무가 있느냐'고 물어본다면서요. 그러던 아이들이 〈지원이와 병관이〉시리즈 같은 요즘 한국 아이들의 생활상을 그린 책들을 접하고는 너무너무 좋아한다는 것입니다. 《장수탕 선녀님》에는 대학생들이 깜빡 넘어간다는군요. 우리는 내년 미국 IBBY인 USBBY 총회에서 한국 책을 알리는 문제를 이야기했습니다. 어떻게 진행될지는 모르겠지만 힘닿는 한 노력해보려고 합니다.* 성 교수가 지원군으로 있으니 한결 든든한 기분입니다.

멕시코시티 이베로아메리카나대학 산업디자인학과의 성미영 교수도 있습니다. 개회식 자리에서 정말 우연히 만나게 되었지요. 멕시코에서 강의하면서 스페인에서 박사과정 공부를 하는, 정말 글로벌한 인재였습니다. 박사논문으로 다섯 개국의 논픽션 그림책을 전시하고 그에 대해 분석하는 글을 쓸 계획이라면서, 한국 그림책을 거기에 포함시키고 싶다고 했습니다. 자기 책에 일러스트도 직접 하는 이지유 선생과 이야기가 잘 통했습니다. 논픽션 책이 단순히 정보만 전달하는 것이 아니라 작품으로서 독자의 마음을 건드리는 지점이 있어야 한다, 정보 전달은 그 이후의 일이다, 라는 명제에 의견일치가 되었지요. 그런 작품들에 대한 연구가 앞으로의 과제일 것 같습니다. 국립어린이청소년도서관의 이선화 사무관도 두 성 교수와의 교류에 적극적인 관심을 보였습니다. 어쩌면 내년에 국립어린이청소년도서관에서 그 두 분의 그간 연구 업적에 대한 소개를 들을 수 있을지도 모르겠습니다.

이렇게 조금씩 국제적 네트워크가 짜여가는 덕분에 멕시코시티의 고산증세를 넘길 힘도 생겼던 듯합니다. 왜 그런지 머리가 아프고, 소화가 안 됐는데 그게 고산병 증세였더라고요. 멕시코시티는 해발 2,240미터, 한라산과 백두산의 중간쯤 되는 높이거든요. 덕분에 이지

---

* 다음해인 2015년은 아니었지만, 2017년 USBBY 총회가 열린 시애틀에서 임정진 KBBY 당시 회장이 한국의 옛이야기 그림책에 대해, 이수지 작가는 자신의 책에 대해 알렸습니다.

유 선생과 저는 그렇게 신나게 먹었으면서도 몸무게가 3킬로 정도씩 빠져 돌아왔습니다. 부러우시지요?

로베르토 인노첸티를 잠깐 본 감상도 덧붙이겠습니다. 작품으로 보자면 매의 눈을 가진 우울한 얼굴의 '천생 작가'일 것 같았는데 실제 생김새는 한없이 마음 좋고 먹기 좋아할 듯한 유쾌한 할아버지인 게, 디즈니 애니메이션 피노키오의 제페토 할아버지를 연상시켰습니다. 아주 뜻밖이었지요. 인노첸티가 스피커로 나선 회의에서 약간의 소동이 있었습니다. 끝날 시간이 다 되어가는데 마무리가 안 지어지는 듯하니까(어디서나 그렇듯 연사들은 시간 넘기기가 일쑤였습니다), 청중석의 어떤 사람이 "그만 좀 해!" 하고 소리를 지른 거예요(이 양반은 다른 자리에서도 그런 종류의 심통을 조금씩 부렸던 모양입니다). 모두들 당황하고, 사회자는 그거 무례하지 않으냐, 질책하고, 어수선했습니다. 그런 걸 인노첸티 할아버지가 그 사람 좋은 얼굴로, 소박한 자기 창작관을 펼치면서 주섬주섬 수습을 하더군요. 포용이라는 이 대회의 주제가 생생하게 부각되는 에피소드였습니다.

마지막 날, 각 국가의 대표자들이 참여하는 총회가 열렸습니다. 지난 2년간의 살림을 보고하고, 새 회장과 안데르센 상 심사위원장을 뽑고, 새 운영위원 10명을 선출하는 회의였습니다. 중요한 지부 활동 보고도 있었고요. 정신없이 숫자가 나열되는 결산 보고는 한국말로 해도 골치 아픈데, 영어로 듣자니 머리에서 김이 날 지경이었습니다. 돈 쓴 것에 대한 태클도 들어오고 수비도 나가고, 회의 요건은 다 갖추더군요. 회장과 안데르센 상 심사위원장은 단독 후보라서 그냥 추인되었지만, 운영위원은 10명 정원에 11명이 지원해서 투표가 실시되었습니다(회장은 벨기에에서 나왔고, 안데르센 상 심사위원장은 이전 IBBY 회장이었던 캐나다 사람입니다). 후보들 출마의 변도 듣고, 개표 진행되는 동안 이런저런 지부 활동 보고 듣고, 선거 결과 발표되고, 새 운영진들 인사하고…. 기나긴 시간이었습니다. 그러고 난 뒤에야 겨우 안데르센 상 후보 증서를 받을 수 있었습니다.

이틀 반 동안의 강행군 회의에서 온 피로는 폐회식 행사가 깨끗이 씻어주었습니다. 1층 콘서트홀, 2층과 3층은 미술관인 복합문화공간에서 IBBY 총회 참석자들만을 위해 열린 음악회에서는, 멕시코 전통음악과 현대음악이 접목된 유쾌한 작품들이 연주되었습니다. 멕시코는 육십여 개 부족으로 이루어진 나라라는데 그 수많은 부족들의 전통 의상을 입은 대규모 합창단도 등장했습니다. 지금까지 들어보지 못했던 활기 넘치는 음악과 어른과 아이가 함께 구성된 합창단의 노래가 정말 압권이었습니다. 지휘자의 섹시한 몸짓도 기막힌 양념이었지요(촬영금지라서 그걸 찍지 못한 게 통한입니다). 멕시코 문화의 저력과 활력이 일순간에 몸속으로 빨려 들어오는 것 같았습니다.

간단한 폐회식이 끝난 후 벌어진 뒤풀이도 멕시코다웠습니다. 밴드는 끊임없이 노래를 하고, 청중들은 그 앞에 몰려들어 함께 노래하며 춤을 추고, 웨이터들은 쉴 새 없이 데킬라와 안주를 나르고요. 멕시코 사람들이 남자고 여자고 할 것 없이 손님들을 춤판으로 초대하는데, 정말 흥겨운 순간이었습니다. 오가는 길의 힘겨움이나 회의의 무거움도 깨끗이 잊고 멕시코에 다시 오고 싶게 만든 잔치였지요.

KBBY가 설립된 지는 20년 가까이 되지만, 정식 민간단체로 등록된 것은 오 년 정도입니다. 아직 걸음마 단계인 거죠. 그동안 BIB나 볼로냐에서 수상작품들도 많이 나오고, 안데르센 상 후보자도 내기 시작했고, 안데르센 상 심사위원도 배출하고 했지만 KBBY가 할 일이 거기에서 끝나는 것은 아닙니다. 각 나라마다 자국 상황에 맞게 다양한 활동을 하고 있는데, 우리는 우리 좌표를 어디에 잡아야 하는가 하는 고민이 더 깊어져야 할 듯합니다. 아무래도 이렇게 다양한 활동들을 보는 게 자극도 되고 새로운 시각도 열어주는 것 같습니다.

IBBY 다음 총회는 2016년에 뉴질랜드에서 열립니다. 2015년에는 아시아-오세아니아 지부 총회가 말레이시아에서 열리고요. 그런 자리에 더 많은 회원들이 참여해서 우리에 대해서도 알리고 국제 네트워크도 더 많이 형성할 수 있게 되면 좋겠습니다.

내년 초에는 KBBY 총회가 열립니다. 올해는 KBBY 회원들이 여러 국제행사에 참여한지라 보고 드릴 것들도 많습니다. 많이들 참석하셔서 활발히 이야기가 오가는 총회가 되었으면 좋겠습니다. 그때까지 하시는 일들 형통하시기 바랍니다. 고맙습니다.

※ 색인

ㄱ

강냉이_권정생 글. 김환영 그림. 사계절 183
강아지 똥_권정생 글. 정승각 그림. 길벗어린이 177
거울 속으로_이수지 지음. 비룡소 181
공룡 엑스레이_경혜원 지음. 한림출판사 102
공부는 왜 하나?_조은수 지음. 해그림 82
괴물이 사는 나라_모리스 센닥 지음. 강무홍 옮김. 시공주니어 15, 39, 75, 122
구름빵_백희나 지음. 한솔수북 76, 136, 137, 154, 182, 205
그림자놀이_이수지 지음. 비룡소 181
기분이 좋아요_한성옥 지음. 길벗어린이 165
꼭 잡아주세요 아빠_진 윌리스 글. 토니 로스 그림. 김서정 옮김. 베틀북 17
꽃할머니_권윤덕 지음. 사계절 115, 183

ㄴ

나는 아빠가_안단테 글. 조원희 그림. 우주나무 98
나랑 같이 놀자_매리 홀 엣츠 지음. 양은영 옮김. 시공주니어 26
나무는 좋다_재니스 메이 우드리 글. 마르크 시몽 그림. 강무홍 옮김. 시공주니어 75, 122
나무늘보가 사는 숲에서_아누크 부아로베르, 루이 리고 지음. 이정주 옮김. 보림 42, 43, 44
나무 도장_권윤덕 지음. 평화를품은책 115
나의 작은 인형 상자_정유미 지음. 컬쳐플랫폼 47, 48, 141, 147
내 거야_정순희 지음. 창비 171
내 의자_한라경 글. 유진희 그림. 리틀씨앤톡 102
내가 태어난 숲_이정덕 글. 우지현 그림. 청어람주니어 102
너였구나_전미화 지음. 문학동네 100
넉 점 반_윤석중 글. 이영경 그림. 창비 169

노란 우산_류재수 지음. 신동일 음악. 보림 178
눈 오는 날_에즈라 잭 키츠 지음. 김소희 옮김. 비룡소 122
눈_이보나 흐미엘레프스카 지음, 이지원 옮김. 창비 179
눈이 사뿐사뿐 오네_김막동 외 지음. 북극곰 103

다정해서 다정한 다정씨_윤석남·한성옥 지음. 사계절 100
달 샤베트_백희나 지음. 책읽는곰 155, 182
달려 토토_조은영 지음. 보림 180, 187, 188, 189
담_지경애 지음. 반달 141, 142, 147, 148
당나귀 실베스터와 요술 조약돌_윌리엄 스타이그 지음, 김영진 옮김. 비룡소 22
당산나무의 웃음소리_김병규 글, 황현만 사진. 계수나무 102
더벅머리 페터_하인리히 호프만 지음, 엄혜숙 옮김. 마루벌 16, 32, 33
도대체 그동안 무슨 일이 일어났을까?_이호백 지음. 재미마주 178
동물들의 첫 올림픽_문종훈 지음. 웅진주니어 85
딜큐샤의 추억_김세진·이미진 글, 전현선 그림. 찰리북 102
떼루떼루_박연철 지음. 시공주니어 142, 147, 182, 198, 200

ㅁ

마들린느의 멋진 새 친구_루드비히 베멀먼즈 지음, 마술연필 옮김. 보물창고 122
마법사 압둘 가사지의 정원_크리스 반 알스버그 지음, 정회성 옮김. 비룡소 40
마음의 집_김희경 글, 이보나 흐미엘레프스카 그림. 창비 179
마이 볼_유준재 지음. 문학동네 84
만희네 집_권윤덕 지음. 길벗어린이 175, 192
망태 할아버지가 온다_박연철 지음. 시공주니어 171
매호의 옷감_김해원 글, 김진이 그림. 창비 82
먼지 아이_정유미 지음. 컬쳐플랫폼 48
메아리_이주홍 글, 김동성 그림. 길벗어린이 167
모기는 왜 귓가에서 앵앵거릴까_버나 알디마 글, 다이앤 딜론·레오 딜론 그림, 김서정 옮김. 보림 122
모르는 척 공주_최숙희 지음. 책읽는곰 84
물고기는 물고기야_레오 리오니 지음, 최순희 옮김. 시공주니어 20, 21
몸싸움_전미화 지음. 사계절 100

미운 동고비 하야비_권오준 글, 신성희 그림. 파란자전거 101
민들레는 민들레_김장성 글, 오현경 그림. 이야기꽃 142, 147
바다 이야기_아누크 부아로베르, 루이 리고 지음, 이정주 옮김. 보림 44
바람이 불 때에_레이먼드 브릭스 지음, 김경미 옮김. 시공주니어 15
바로 나처럼_매리 홀 엣츠 지음, 이상희 옮김. 비룡소 26

ㅂ

백구_김민기 글, 권문희 그림. 사계절 162, 167, 183
백두산 이야기_류재수 지음. 보림 175
백만 마리 고양이_완다 가그 지음, 강무환 옮김. 시공주니어 38
부엉이와 보름달_제인 욜런 글, 존 쉔헤르 그림, 박향주 옮김. 시공주니어 15, 122
부엌 할머니_이규희 글, 윤정주 그림. 보림 194, 195
북극곰 코다_이루리 글, 배우리 그림. 북극곰 83
비 오는 날에_최성옥 글, 김효은 그림. 파란자전거 84
비무장 지대에 봄이 오면_이억배 지음. 사계절 101
비비를 돌려줘!_권오준 글, 전민걸 그림. 한림출판사 101
빈집_이상교 글, 한병호 그림. 시공주니어 168
빨간 목도리_김영미 글, 윤지회 그림. 시공주니어 84
삐떼기_권정생 글, 김환영 그림. 창비 99

ㅅ

사랑해, 아빠_김주현 글, 천유주 그림. 마루벌 97
상추씨_조혜란 지음. 사계절 102
생명의 역사_버지니아 리 버튼 지음, 임종태 옮김. 시공주니어 15
서로를 보다_윤여림 글, 이유정 그림. 낮은산 83
설빔 – 남자아이 멋진 옷_배현주 지음. 사계절 166
설빔 – 여자아이 멋진 옷_배현주 지음. 사계절 166
세상에서 제일 큰 케이크_안영은 글, 김성희 그림. 주니어김영사
세상에서 제일 힘센 수탉_이호백 글, 이억배 그림. 재미마주 175
셀카가 뭐길래!_임윤미 지음. 모래알 97
솔이의 추석 이야기_이억배 지음. 길벗어린이 76, 77, 175
수달이 오던 날_김용안 글, 한병호 그림, 한성용 감수. 시공주니어 83

수박이 먹고 싶으면_김장성 글, 유리 그림. 이야기꽃 102
숲 속에서_매리 홀 엣츠 지음, 박철주 옮김. 시공주니어 26
숲으로 간 코끼리_하재경 지음. 보림 149
슈렉!_윌리엄 스타이그 지음, 조은수 옮김. 비룡소 22
슈리펀트 우리 아빠_권영묵 지음. 한림출판사 97
시리동동 거미동동_권윤덕 지음. 창비 76, 77, 169
시인과 여우_팀 마이어스 글, 한성옥 그림, 김서정 옮김. 보림 181
신통방통 제제벨_토니 로스 지음, 민유리 옮김. 베틀북 17, 18, 54
씩씩한 마들렌느_루드비히 베멀먼즈 지음, 이선아 옮김. 시공주니어 39

ㅇ

아기 오리들한테 길을 비켜 주세요_로버트 맥클로스키 지음, 장미란 옮김. 시공주니어 122
아모스와 보리스_윌리엄 스타이그 지음, 김경미 옮김. 비룡소 15, 22
아빠 빨강_정나은 지음. 키즈엠 98
아빠 얼굴_황K 지음. 이야기꽃 98
아빠가 달려갈게!_김영진 지음. 길벗어린이 97
아빠와 피자놀이_윌리엄 스타이그 지음, 김경미 옮김. 비룡소 22, 23
아씨방 일곱 동무_이영경 지음. 비룡소 176
아프리카여 안녕!_마르가레트 레이 글, 한스 아우구스토 레이 그림, 이선아 옮김. 시공주니어 15, 38
안녕 나마스테_유태은 지음. 이야기꽃 182
알렉산더와 장난감 쥐_레오 리오니 지음, 김난령 옮김. 시공주니어 20
양철곰_이기훈 지음. 리잼 180
어느 날_유주연 지음. 보림 180, 190
어느 바닷가의 하루_김수연 지음. 보림 201
엄마 까투리_권정생 글, 김세현 그림. 창비 164
엄마 마중_이태준 글, 김동성 그림. 보림 114, 149, 164, 167, 183
엄마꼭지연_최재숙 글, 김흥모 그림. 보림 82
엄마랑 뽀뽀_김동수 지음. 보림 165
엄마를 잠깐 잃어버렸어요_크리스 호튼 지음. 보림 137
에그 맨_박연수 지음, 같이보는책 100
열두 마리 새_김희경 지음, 지연준 그림. 창비 84
오과장 서해바다 표류기_김명자 글, 장경혜 그림. 한겨레아이들 98

오스카만 야단 맞아_토니 로스 지음, 김서정 옮김. 베틀북 16
왜요?_린제이 캠프 글, 토니 로스 그림. 창작집단 바리 옮김. 베틀북 17
용감한 아이린_윌리엄 스타이그 지음, 김영진 옮김. 비룡소 22
우리 동네 왕팔뚝 아저씨_이승환 지음. 그림북스 97
우리 아빠_박혜선 글, 정가애 그림. 키즈엠 97
우리 집에는 괴물이 우글우글_홍인순 글, 이혜리 그림. 보림 170
우리가 헤어지는 날_정주희 지음. 책읽는곰 99
우리는 아빠와 딸_문종훈 지음. 한림출판사 98
위를 봐요_정진호 지음. 은나팔 143, 149
유기견 영남이_유진 지음. 한울림어린이 98
이 배를 타길 정말 잘했어_박경화 글, 이장미 그림. 웃는돌고래 102
이건 내 모자가 아니야_존 클라센 지음. 시공주니어 122, 124
이빨 사냥꾼_조원희 지음. 이야기꽃 151
이상한 화요일_데이비드 위즈너 지음. 비룡소 122
익살꾸러기 사냥꾼 삼총사_에드윈 워 글, 랜돌프 칼데콧 그림, 이종인 옮김. 시공주니어 36
잃어버린 갯벌 새만금_우현옥 글, 최형진 사진. 미래아이 102

작은 집 이야기_버지니아 리 버튼 지음, 홍연미 옮김. 시공주니어 14, 39, 75, 122
장난감 형_윌리엄 스타이그 지음, 김경미 옮김. 비룡소 25
장수탕 선녀님_백희나 지음. 책읽는곰 84, 113, 149, 154, 182, 212
점복이 깜정이_고정순 지음. 웅진주니어 98
제랄다와 거인_토미 웅거러 지음, 김경연 옮김. 비룡소 19, 39
중요한 문제_조원희 지음. 이야기꽃 100
지원이와 병관이 시리즈_고대영 글, 김영진 그림. 길벗어린이 212
지하 정원_조선경 지음. 보림 182
지하철 바다_황은아 지음. 마루벌 169
지하철은 달려온다_신동준 지음. 초방책방 59, 130, 179

창 너머_찰스 키핑 지음, 박정선 옮김. 시공주니어 41
책마을에 부엉이가 산대요_구경현 외 지음. 책마을해리 103

춘희는 아기란다_변기자 글. 정승각 그림. 사계절 183
춤추고 싶어요_김대규 지음. 비룡소 85
치과의사 드소토 선생님_윌리엄 스타이그 지음. 조은수 옮김. 비룡소 22
칭찬 먹으러 가요_고대영 글. 김영진 그림. 길벗어린이 84

ㅋ

커졌다!_서현 지음. 사계절 84
코끼리 아저씨와 100개의 물방울_노인경 지음. 문학동네 85, 180
코끼리왕 바바_장 드 브루노프 지음. 김미경 옮김. 시공주니어 15

ㅌ

트럭_도널드 크루스 지음. 시공주니어 15

ㅍ

파도야 놀자_이수지 지음. 비룡소 172, 181, 196
펠레의 새 옷_엘사 베스코브 지음. 정경임 옮김. 지양사 16, 37
프레드릭_레오 리오니 지음. 최순희 옮김. 시공주니어 15, 75
피튜니아, 공부를 시작하다_로저 드봐젱 지음. 서애경 옮김. 시공주니어 15

ㅎ

하늘 왜가리와 우리 왜가리_권오준 글. 오현균 그림. 봄봄출판사 101
하멜른의 피리 부는 사나이_로버트 브라우닝 글. 케이트 그리너웨이 그림. 김기택 옮김. 시공주니어 35
하이드와 나_김지민 지음. 한솔수북 106
학교 안 갈 거야_토니 로스 지음. 양희진 옮김. 베틀북 17
한양 1770_정승모 글. 강영지 그림. 보림 82
할머니, 어디 가요? 쑥 뜯으러 간다_조혜란 지음. 보리 166
헤엄이_레오 리오니 지음. 김난령 옮김. 시공주니어 20
흔들린다_함민복 글. 한성옥 그림. 작가정신 100
흰 곰_이미정 지음. 아이세움 83